L'Art de se promener

Karl Gottlob Schelle

L'Art de se promener

Préface et traduction
de Pierre Deshusses

Rivages Poche
Petite Bibliothèque

Retrouvez l'ensemble des parutions
des Éditions Payot & Rivages sur

www.payot-rivages.fr

Couverture : Haledan Egedius, *Nuit d'été*, 1893 (détail)

Titre original : *Die Spatziergänge*
oder die Kunst spatzieren zu gehen

16, bd Saint-Germain - 75006 Paris

ISBN : 2-7436-0067-5
ISSN : 1158-5690

Promenades au pays d'utopie

Schelle est un philosophe à qui rien n'est plus étranger que la spéculation philosphique ; il veut être un penseur du sens commun, un philosophe pratique qui applique son esprit et sa réflexion aux choses de la vie. Comme il le dit dans son avant-propos aux critiques d'art, la philosophie doit non seulement quitter les hautes sphères de la spéculation pour se rapprocher de la vie et s'occuper de ce qui occupe tout le monde, mais en plus elle doit divertir. Si le projet est louable, il ne s'adresse pourtant pas à tout le monde en cette fin du XVIIIe *siècle. Le public visé est l'élite de la société, non pas la noblesse mais cette humanité raffinée, dégrossie par l'esprit des Lumières. Les autres sont beaucoup trop accablés par les travaux et les jours pour pouvoir prendre part à ce plaisir qui demande, comme on le verra, une bonne part de réflexion et de détachement.*

Si la démarche de Schelle reste malgré tout très analytique, la séparation ne se fait pas dans l'ordre des concepts mais dans l'ordre des choses. La promenade en soi n'existe pas. Il y a autant de promenades que de lieux différents. La séparation s'opère au niveau des lieux et des paysages qui sont soigneusement répertoriés : se promener dans un parc n'implique pas la même disposition d'esprit que les promenades en montagne par exemple ; de la même façon, on ne vagabonde pas en forêt comme on se promène au bord d'une rivière. Ce sont ces distinctions qui élèvent la promenade au rang d'un art. Ne pas prendre conscience de cette diversité, c'est marcher en aveugle. Or ce que veut Schelle, dans cette époque pétrie de lumières et de désir pédagogique, c'est justement permettre aux lecteurs de différencier la nature des promenades pour qu'ils en jouissent pleinement. Le plaisir est à la clef. La promenade s'inscrit dans un art de vivre.

Le thème de la promenade n'est pas nouveau ; et si ce petit livre a aujourd'hui un parfum singulier, il s'inscrivait à l'époque dans un contexte qui faisait de la promenade le signe distinctif d'une certaine classe de la société. Schelle est né en 1777 à Altweilen ; le jour exact de sa naissance nous demeure inconnu. Après ses études, il devient professeur de langues anciennes à Halle en 1800. En 1801, il est précepteur à Leipzig et apprécie *les charmes de cette ville, dont l'exemple va lui servir à illustrer un chapitre de son essai sur les charmes des promenades publiques. En 1805, il est nommé sous-directeur (*Konrektor*) du lycée de Freiberg, avant d'être bientôt mis à la retraite pour cause de maladie. Il n'a que trente ans. On sait qu'il est ensuite placé dans un établissement psychiatrique où il passera une grande partie de sa vie. Si l'on retrouve sa trace en Saxe en 1825, la date exacte de sa mort nous reste inconnue.*

Entre 1797 et 1807, sa période d'activité la plus intense, il a écrit plusieurs ouvrages de philologie, édité les œuvres poétiques d'Horace dont il a dédié un exemplaire à Goethe qui, dit-on, aurait beaucoup apprécié ce geste ; il a consacré aussi différents ouvrages à la littérature française, dont le livre sur les promenades prouve qu'il était un connaisseur. D'une façon générale, Schelle s'inscrit dans ce que l'on appelle la philosophie populaire, dont le représentant le plus éminent à l'époque est Christian Garve, maintes fois cité par Schelle. Le but avoué de ces philosophes est de réconcilier la philosophie avec le quotidien, de la faire sortir du ghetto de l'Université, ce qui explique que peu de philosophes pratiques restèrent longtemps dans l'enseignement mais cherchèrent plutôt à vivre de leur plume. Malgré tout, Schelle ne peut masquer l'ambition pédagogique de son traité, plaçant et replaçant ses jalons avec une méticulosité qui n'évite ni les répétitions ni cer-

taines lapalissades. Il y a chez lui un côté Petit Poucet qui lui fait poser ses phrases comme des cailloux blancs dans la forêt profonde, pour être sûr de ne pas s'y perdre, pour être sûr de ne pas se faire dévorer par l'hydre de la spéculation — et nous avec lui.

L'histoire de la philosophie populaire remonte en fait au milieu du XVIIIe *siècle, lorsque Johann August Ernesti définit ce concept dans une thèse soutenue à Leipzig en 1754, « De philosophia populari prolusio ». Il s'agissait de répertorier les différentes dispositions et qualités humaines, de les développer et de conduire l'esprit humain à y appliquer sa réflexion. Ce n'est pas un hasard si c'est aussi l'époque où l'on commence à s'intéresser à l'anthropologie, à l'ethnographie et où sont publiés de nombreux récits de voyages dont certains sont cités dans les notes de Schelle (Dupaty, Brydone). Mais si les promenades sont à la mode et trouvent aussi un écho dans la littérature (*Les Affinités électives *de Goethe contiennent pas moins de vingt-cinq promenades différentes), personne encore n'avait essayé de théoriser cette activité.*

Le titre de l'ouvrage de Schelle a un double sens : les promenades sont à la fois le lieu où l'on se promène et la manière dont on se promène. Comme dans de nombreux domaines à l'époque, c'est la société française qui sert ici de modèle, et l'intérêt que prend Schelle au récit de Friedrich Schulz sur la vie des Parisiens est très symptomatique. Paris donne le ton avec ses grands jardins, les Tuileries, le Luxembourg, le Palais Royal. Si ces jardins sont encore des lieux de représentation réservés où il faut être vu, les boulevards de la rive droite deviennent peu à peu des lieux de promenades investis par la bourgeoisie. Même le jardin du Luxembourg commence à être fréquenté par ce qui sera le tiers état. Cela n'est pas sans influence sur l'Allemagne, fortement tournée vers la France. On ne se promène plus pour être vu mais par plaisir de se promener dans un coin de nature niché au milieu de la ville. C'est Rousseau, si admiré par les révolutionnaires, qui est l'initiateur de cette façon naturelle de flâner et qui, par contre-coup, fait découvrir et apprécier les jardins à l'anglaise.

Petit à petit, la bourgeoisie allemande s'aventure hors des enceintes des villes, jusque dans la vraie nature pour laquelle on garde malgré tout une certaine méfiance, non seulement parce que les chemins ne sont pas sûrs (il suffit de lire le Wilhelm Meister *de Goethe pour se rappeler que les brigands sont encore un réel danger), mais aussi parce que la nature sauvage impressionne et fait peur. La passion d'Obermann pour les grandioses paysages alpins n'est pas encore de mise. Comme le dit si naïvement et joliment Schelle : « Qui ne voudrait se promener que dans les Alpes ? » On aime la mesure : des vallées pas trop encaissées, des montagnes pas trop hautes, des fleuves pas trop larges, des tempêtes pas trop longues ; l'idéal ce sont les paysages sereins qui donnent l'impression d'offrir un refuge au regard et au cœur. La diversité avant le sublime ; la beauté avant le grandiose.*

Pour Schelle, la promenade est loin d'être une activité purement physique ; par le jeu du corps, elle met en branle les mécanismes de l'esprit, engendrant même un véritable besoin intellectuel ; c'est la raison pour laquelle il est nécessaire d'être cultivé pour jouir de la promenade, le but avoué étant d'élever la marche au rang d'un processus intellectuel, mais sans fatigue ni contrainte. Surtout ne pas se forcer à observer ou à réfléchir : planer au-dessus des choses ; être réceptif et ouvert. La promenade n'est pas un moyen mais une fin, une activité « sans équivalent » qui met directement en contact avec les autres et la nature.

Bien que Schelle s'en défende, la société comme la nature apparaissent surtout comme des décors de la promenade. Il leur faut donc être avant tout aimables : les paysages doivent être beaux avec alternance de monts et de vallons, les promenades publiques, pittoresques comme un tableau de genre avec des enfants qui jouent, des femmes élégantes. Et surtout il faut de la distance, cette distance presque théâtrale où l'on reconnaît de loin en loin des silhouettes, des types, des caractères, mais per-

sonne en particulier. « En fait, l'intérêt porté par le promeneur à la nature, mais aussi au genre humain, devrait être d'ordre esthétique », écrit Schelle. Qu'entend-il par intérêt esthétique ? C'est le moment où l'activité de l'âme se résume à un divertissant jeu d'idées. C'est « l'ingénuité de l'âme ».

Pour parvenir à cet état d'ingénuité du cœur et de l'esprit, la première condition requise est de se sentir libre. Se défaire auparavant de ses soucis puisque, comme on l'a vu, la promenade ne peut être utilisée comme moyen. C'est là une exigence bien abstraite et le promeneur de Schelle apparaît comme un spécimen fort singulier. Il entre dans la promenade comme dans un monde idéal et artificiel, à la fois acteur et spectateur, et ce livre, qui se veut marqué par la pratique, est en fait empreint d'un profond idéalisme qui touche à la quadrature du cercle. Car, enfin, qu'est-ce que se promener ? C'est être réceptif aux choses qui nous entourent sans pourtant y porter un intérêt trop soutenu, c'est se laisser aller aux impressions de la nature sans s'y plonger, c'est regarder sans observer, marcher sans se fatiguer, se laisser distraire sans rêver, s'éloigner du monde sans le fuir, se frotter à la nature en évitant ses aspects trop sauvages, se retrouver en tête en tête avec soi-même sans tomber dans la méditation ni l'introspection, sortir en toute saison mais préférer le printemps et l'automne !

On le voit, la promenade est effectivement tout un art, mais dont le parfait achèvement permet justement, dans la droite ligne kantienne, de retrouver la nature. Ce côté utopique dessine à petits traits les contours d'une philosophie personnelle qui, en relation avec l'évidence du corps, invite à dénouer sa raideur et ses crispations, à flotter au-dessus des choses, parmi les choses, parce que c'est le seul vrai moyen d'aperception, la seule façon de ne pas se fourvoyer et se payer de mots, la seule façon d'aller à la rencontre de la vie, en toute humanité.

Pierre DESHUSSES

L'Art de se promener

A son Excellence
Leopold Friedrich Franz
Prince régnant de
Anhalt-Dessau

La vraie joie est une chose sérieuse.

SÉNÈQUE

Son Excellence s'est acquis le beau mérite de rivaliser avec la bienfaisante nature, qui fait de ses finalités les plus sérieuses en vue du bien de l'humanité une intarissable source de très noble plaisir pour cette dernière. Cela excusera la hardiesse d'un écrivain qui ose placer Votre Nom si sublime et honoré en tête d'un ouvrage ayant pour intention de rechercher les sources d'un plaisir qui, dans sa pureté, est intimement lié à la noblesse et la dignité de l'humanité. Son Excellence, en faisant de tout Votre beau pays un immense et charmant jardin qui vivifie l'esprit et le corps du promeneur ravi sur les routes comme sur les agréables avenues, vous avez créé le modèle du beau dans le domaine de votre noble activité pour une grande communauté d'hommes réunis, qui remplit des sentiments les plus nobles et fait espérer à l'observateur occupé à en rechercher les sources d'avoir le droit de prendre cet exemple si éminent en confirmation de ses idées.

Avec ma plus profonde vénération, je reste, Votre excellence, Votre dévoué serviteur.

Karl Gottlob Schelle

AVANT-PROPOS

Aux critiques d'art

La philosophie se cantonne encore trop souvent dans les sphères de la spéculation ; rares sont les penseurs qui se hasardent à appréhender les objets de la vie. Combien de centaines de penseurs spéculatifs pour un seul homme pensant dans l'esprit de Montaigne, de Franklin et de Hume ! Une telle proportion va manifestement à l'encontre de la finalité de la nature. Notre nation, grande uniquement dans la spéculation philosophique, souffre maintenant de cette spéculation au sens le plus exact du terme. C'est un symptôme qui n'est certainement pas dénué d'importance de voir ceux qui sont affectés par cette maladie traiter de non-philosophes déclarés des philosophes comme Garve[1] et Engel, alors même que nous devrions souhaiter que notre nation en soit dotée en grand nombre, pour mettre les besoins de la vie en harmonie avec les préoccupations de la raison studieuse.

La philosophie ne peut conserver son influence, sa force de conviction générale, que si elle s'applique à des objets de la vie et du monde. Elle-même ne contient que les germes capables de féconder les vastes terres de l'humanité. C'est la tâche du philosophe pratique de favoriser, à partir de la philosophie, le développement de ces germes dans leur rapport avec les différents objets de la vie. Si l'on avait déjà atteint partout les principes supérieurs et premiers de la philosophie, comme se l'imaginent peut-être certains philosophes purement spéculatifs, on n'aurait certes pas besoin d'un tel processus de développement : or c'est loin d'être le cas. Chaque

1. Christian Garve (1742-1798), né et mort à Breslau. Philosophe d'esprit tolérant, vulgarisateur à l'esprit clair et facile, il fut l'un des premiers à ne pas écrire, comme Mendelssohn le reprochait aux Allemands, pour les professeurs et pour les élèves. Il eut une grande influence sur Kant et Schiller. Empiriste, il voulut être le Hume allemand. Il se défia de la métaphysique et tendit à être un philosophe du sens commun, s'occupant autant de philosophie que d'économie politique et de linguistique. Il a essayé d'épurer l'allemand et de l'enrichir, faisant toujours confiance au peuple, seul vrai créateur de la langue à ses yeux. (N.d.T.)

objet particulier possède sa nature propre, demande des examens particuliers que la raison ne pourra mener à bien sans l'avoir sous les yeux, et celui qui s'oblige à des examens de ce type fait concorder, en tant que philosophe, les objets de ces investigations avec les exigences de la raison. La philosophie doit se rapprocher en toute confiance du domaine de la vie ; loin de toute prétention, elle doit se montrer capable de distraire les gens aux heures de loisirs, elle doit même se mêler aux plaisirs d'une humanité raffinée pour faire également sentir sa valeur dans des domaines qui n'ont rien de philosophique et étendre son influence à toute la partie cultivée de la nation dont elle revendique l'amour.

Le présent essai ne se veut qu'une modeste contribution à l'introduction nécessaire de la philosophie dans le monde. Il a pour objet de traiter, dans l'esprit de la philosophie, un aspect pratique et non négligeable de la vie ; mais il ne s'engage pas pour autant à atteindre le niveau des grands écrivains dans ce domaine, ou même à les suivre. Il ne serait pas équitable d'obliger quelqu'un à des qualités auxquelles il renonce de lui-même : il suffit qu'il énonce, sans heurter, des choses qui s'imposent par leur vérité intime.

AVANT-PROPOS

Aux lecteurs

Certaines choses semblent aller de soi ou être en contradiction même avec la notion d'art. À première vue, la promenade semblerait ressortir à cette catégorie. Mais ce n'est qu'une impression de première vue. Il n'est pas besoin de réfléchir longtemps et profondément pour dissiper totalement cette illusion. Qui n'aurait pas ressenti que les promenades au milieu d'autres gens provoquent une tout autre impression qu'une promenade au milieu de la nature ? Qui irait mettre sur le même plan les plaisirs d'une promenade à pied, à cheval ou en voiture, et qui méconnaîtrait, ne serait-ce que par l'impression qu'il en retire, le plaisir particulier procuré par chacune ? Qui oserait dire qu'il se promène toujours de la même façon, sur le flanc d'une montagne ou dans une vallée, dans une prairie ou dans un bois ? Si tel était vraiment le cas, si — comme en pleine mer devant une immense étendue d'eau étale, ou en pleine nuit lorsqu'il n'est plus possible de rien distinguer — les diverses impressions faites par la nature et la société se dissipaient toutes dans notre cœur, alors se promener serait la chose la plus simple du monde. Mais comme ce ne peut être le cas — sinon il faudrait que les promenades ne soient qu'une suite d'errances et de sourdes rêveries —, il est tout à fait naturel que l'on désire profiter de toute la palette des impressions procurées par les promenades et, en approfondissant la nature de ce plaisir multiple, le multiplier et l'augmenter encore. C'est alors seulement que l'on ne marche plus en aveugle durant ses promenades[1].

Seule une fausse idée du concept d'art pourrait faire passer l'art de se promener pour quelque pédanterie. Il n'en serait

1. Seules des considérations sur la santé de l'organisme peuvent faire privilégier le caractère physique de la promenade. Sinon, quel homme sensé n'y renoncerait pas au profit du côté intellectuel de la promenade, s'il pouvait accéder à ce dernier en renonçant au premier ? Il y a entre les deux le même rapport qu'entre un marcheur et un promeneur, qu'entre une coquille et ce qu'elle contient. Ou bien le plaisir de la danse est-il vraiment dans le mouvement des mains et des pieds ? N'est-il pas plutôt dans les sensations de l'âme qui y sont associées ? (N.d.A.)

ainsi que s'il s'agissait d'un art voulant provoquer et recueillir les impressions de la promenade en soi, ce livre à la main, et non d'un art tel qu'il est vraiment : qui développe les raisons permettant une conscience plus nette de son plaisir selon les impressions multiples qu'elle procure, en vue aussi de la varier à bon escient et de faire un choix selon sa nature toujours différente. Seulement, ce ne serait pas un art, mais le degré le plus élevé de la non-nature.

Un art de la promenade présenterait de l'intérêt pour toutes les personnes cultivées qui ont à cœur de flâner, l'esprit et les sens en éveil, aussi bien dans la nature que dans les lieux fréquentés, de jouir pleinement de la nature et de la société durant leurs promenades ; tout comme l'art de vivre devrait être pour chaque individu un objet d'attention, au sens plein du terme, si la vie est pour lui un peu plus qu'un simple jeu.

Dans un art de vivre accompli où alternent, selon un ordre éprouvé, effort et repos, sérieux et jeu, travail et plaisir, la promenade a également sa place. Il ne concerne pas les individus qui se sont écartés de la voie de la nature et ne sont actifs qu'avec leur corps ou leur esprit, qui se forcent au travail jusqu'à l'épuisement et trouvent ensuite le repos dans de sourdes rêveries, qui, pour m'exprimer un peu crûment mais de façon conforme à cette situation, ne font que besogner ou végéter et qui, par conséquent, méconnaissent l'état qui est celui de toute véritable existence humaine. Pour ces gens-là, qui ne mènent pas une vie digne de l'homme, celle qui fait la part de l'activité intellectuelle modérée et du plaisir noble où l'esprit a encore ses droits, qui ne sont qu'esprit ou corps, un art de se promener aurait aussi peu de signification qu'un art de vivre englobant l'homme tout entier, un art réel. Mais les personnes ayant une culture à la mesure de l'homme — qui, comme le disait déjà un ancien Romain dans ses livres où il déduit le caractère de l'humanité de ses devoirs, « lorsqu'ils sont libérés des occupations et des soucis engendrés par les nécessités de la vie, ont encore le désir de toujours voir, percevoir et apprendre quelque chose », qui sont encore capables d'établir une relation entre l'esprit et les activités physiques et qui préfèrent une table modérément garnie mais en bonne compagnie aux mets les plus exquis dégustés dans la solitude — sont tout à fait à même de se faire une idée de ce que peut leur apporter la promenade ; ils peuvent très bien s'imaginer que la culture, tout à la fois prémisse et conséquence, n'est pas sans rapport avec la promenade[1]. Si j'étais parvenu à ne présenter que les caractéristiques principales d'un plaisir dont les moments ne sont pas pour eux des heures perdues de la vie, alors je me sentirais déjà récompensé.

1. L'auteur ne saurait répondre autrement qu'il le fait ici aux objections qui suivent contre l'art de se promener et qui sont tellement fallacieuses qu'elles ne peuvent être inventées. — « Se promener est tout simplement un luxe. L'époque où les gens commencent à se promener dans un endroit donné marque le début d'une déchéance économique et commerciale. » Ah ! savoir comment tirer des profits et des rentes de la promenade, voilà une tâche qui serait digne d'être dotée d'un prix. « Se promener est après tout la chose la plus simple qui soit au monde : il suffit d'avoir deux pieds en bon état. Pourquoi écrire tant de pages là-dessus ? » C'est certain : le rôle des pieds est étonnamment important, et il vaut même mieux en avoir quatre plutôt que deux. « L'art de se promener me fait penser à un art de dormir. » Enchanté monsieur le somnambule ; que le sommeil vous soit doux pendant que vous marchez ! (N.d.A.)

1

Introduction

Participer de deux mondes : se voir donné par la vie, comme fin dernière, le jeu de natures raisonnables, et partager en même temps les besoins de créatures physiques — tel est ce qui détermine la singularité d'une existence humaine. En conséquence de quoi, les données physiques et intellectuelles ont en nous une influence contradictoire des plus décisives. En tant qu'êtres raisonnables, et suite à cette détermination, nous désirons toujours étendre davantage notre vie intellectuelle et, si cela était possible, l'élargir même à toute notre existence ; nous désirons nous soustraire au carcan des données physiques, pour autant que le permet notre existence physique. Or ce sont justement les lois de l'existence physique qui mettent dans la vie des barrières de toutes natures à notre activité raisonnable. Nous nous voyons soumis au climat, à la nécessité de nous nourrir, au mouvement, au repos et au sommeil, aux souffrances physiques et intellectuelles. Il n'y a guère à rabattre sur maintes conditions de notre existence physique, tandis que d'autres ne dépendent même pas de nous ; et, quand on fait le compte de ses années de vie, on s'aperçoit que, même dans le meilleur des cas, on en a à peine vécu la moitié : si vivre c'est effectivement agir et prendre conscience de son existence par la sensibilité, la pensée et l'action.

L'une des nombreuses conditions de notre existence physique est le mouvement du corps. Il n'est certes pas une condition directe de la vie comme la nourriture et le sommeil, même si le manque total de mouvement, ne serait-ce que le manque de mouvement intérieur par le jeu des forces vitales, équivaudrait à la mort. Seulement, si le mouvement du corps n'est pas directement une des conditions de la vie, et si son absence n'entraîne pas irrémédiablement la mort, même chez quelqu'un qui doit passer par exemple des années en prison, il en est pourtant une condition indirecte. Il est indispensable à la santé du corps, au bon fonctionnement de l'organisme.

Mais ce n'est pas seulement le bon fonctionnement de l'organisme qui dépend du mouvement du corps : le bon fonctionnement de l'intellect repose aussi sur lui, en raison du jeu d'influences réciproques entre le corps et l'esprit. De nombreuses fantasmagories de lettrés, de nombreuses clauses monacales édictées au mépris du bon sens, ont peut-être leur origine dans le manque de mouvement du corps. Mais, à supposer même que le manque de mouvement du corps et le séjour continuel dans une atmosphère confinée n'étouffent pas d'emblée le bon sens, ils n'engendrent pas moins un étiolement de l'esprit, même lorsque la raison est pleinement utilisée.

Dans cette double perspective, en tenant compte du corps et de l'esprit, le mouvement du corps est une exigence nécessaire à la santé physico-intellectuelle : mais il n'est lui-même que de nature mécanique, pas intellectuelle. En soi, il n'est lié à aucune activité raisonnable, il ne représente rien pour la vie intellectuelle immédiate, il n'est que le moyen par lequel des êtres physiquement dépendants maintiennent le jeu des forces physiques indispensables au bon déroulement de l'existence humaine ; mais il n'a lui-même aucun effet intellectuel. En regard de sa valeur, il serait à ranger dans la même catégorie que le sommeil dont nous ne pouvons pas nous passer non plus, mais dont la durée prolongée est aussi une perte sèche pour notre vie à proprement parler. Si les promenades n'avaient que cette valeur limitée, l'esprit n'y trouverait aucunement son compte : il serait alors totalement superflu de se pencher davantage sur un mouvement aussi mécanique ; simple phénomène physique n'autorisant aucun jeu de l'esprit, il serait sans aucune influence pratique sur la vie. Or se promener est loin d'être une activité purement physique, et il est tout à fait possible d'en dégager la valeur intellectuelle.

2

La promenade n'est pas un simple mouvement du corps

La promenade n'est pas simplement un mouvement physique du corps, qui exclurait toute activité de l'esprit. Il n'y aurait vraiment aucun charme à imaginer le promeneur comme une simple machine en mouvement, dont l'esprit se serait mis au repos pendant que le corps bougerait. Un individu commun qui n'a pas cultivé son esprit n'en ressent pas le besoin, et il aurait du mal à s'y faire. La raison en est fort simple. Pour être touché par les charmes de la promenade et en ressentir le besoin intellectuel, il est nécessaire d'avoir un certain niveau de culture, un bagage intellectuel que tout le monde ne possède pas ; et, partant, il est tout à fait naturel qu'un simple journalier ne puisse ressentir le plaisir agréable d'une promenade. Mais on peut aussi ranger dans cette catégorie toute cette masse d'individus insensibles, dont l'esprit n'est touché ni agité par rien, et qui exécutent de façon purement mécanique ce qui, chez les personnes cultivées, engendre un besoin intellectuel.

Mais quel est le rôle joué par l'esprit dans la promenade, en conformité avec la nature ? Et quelle sphère de l'esprit se trouve investie par la promenade ?

La tâche est ici la suivante : faire le lien entre l'activité intellectuelle et l'activité corporelle, élever un processus mécanique (la marche) au rang d'un processus intellectuel. Mais cela seul ne suffit pas. Le mouvement du corps doit être pour l'esprit une détente, et pour le corps un moyen de conforter la santé. Toute activité intellectuelle fatigante rendrait caduque cette double visée. C'est pourquoi toute forme de réflexion méthodique et rigoureuse est étrangère à la promenade. Pour l'esprit, ce ne serait pas du repos mais un effort nouveau, de la même façon que ce genre de réflexion, par le double mouvement physique et intellectuel, épuise le corps au lieu de le fortifier. À cela il faut ajouter que l'esprit, au cours d'une promenade, doit trouver la matière et les objets de son activité spontanée dans la sphère même de la promenade. C'est seulement à cette condition qu'elle investira un domaine propre à l'esprit et à la culture.

Les promenades ne sont pas destinées à poursuivre des cogitations métaphysiques ou physiques, à résoudre des problèmes mathématiques, à repasser l'histoire, bref, elles ne sont pas faites pour la méditation. Même l'observation subtile et raffinée de personnes en train de se promener serait aussi opposée à la finalité de la promenade que l'observation forcée de la nature.

Durant la promenade, l'attention de l'esprit ne doit pas être poussée ; elle doit davantage être un jeu qu'empreinte de sérieux. Elle doit glisser au-dessus des objets en quelque sorte, répondre à leurs sollicitations plutôt que de se laisser contraindre à leur étude par l'esprit. Réceptif et ouvert, l'esprit doit accueillir avec tranquillité les impressions des choses qui l'entourent plutôt que de s'échauffer avec passion sur un quelconque objet, il doit s'abandonner sans résistance à leur courant avec une sérénité joyeuse plutôt que de se soustraire à elles, perdu dans ses idées et revenant sans cesse sur ses propres réflexions.

Une telle activité de l'esprit profite à la santé du corps, délasse l'intellect de travaux plus harassants, tout en maintenant ses forces éveillées par une occupation agréable et facile, sans instaurer de solution de continuité dans l'existence intellectuelle.

D'ailleurs, une telle activité ne se contente pas d'occuper, de stimuler ou, si je peux me permettre de reprendre l'expression biblique, d'aiguillonner agréablement l'esprit : ce dernier est en effet façonné de manière fondamentalement originale et dans une perspective tout aussi fondamentale. Certes, ce n'est pas ainsi qu'il acquiert ses principes les plus hauts, ses convictions les plus nobles, sa perfection intellectuelle et morale, laquelle ne peut être acquise que par l'effort et la peine : mais il se trouve ainsi placé dans un rapport de communauté directe avec la nature et le genre humain, qui touche les cordes les plus délicates de son être. Comprendre cette douce parole et en retirer les joies les plus pures : tel est le but assigné par la nature à cette activité intellectuelle dépourvue de toute contrainte et qui n'a pas d'équivalent ailleurs que dans la promenade.

3

Objets de la promenade en général

La nature et le genre humain, la première dans la variété de ses paysages, le second sous son aspect le plus gai, sont tout à la fois le décor et les objets de la promenade. En effet : peut-il y avoir pour l'individu quelque chose de plus important que la nature et le genre humain ? Celui qui posséderait la notion la plus pure du genre humain et de la nature et la garderait en son cœur serait sans conteste le plus comblé des hommes. On ne peut assigner de place plus éminente à la promenade en montrant qu'elle est hautement profitable à cette grande notion.

Si nous en restons d'abord à la nature, c'est bien davantage la nature belle et variée que la monotonie sans charme d'une région privée de toute végétation qui donne à l'esprit, et de diverses façons, cette impression d'harmonie durant la promenade et qui le met en contact avec une multitude de phénomènes très doux. Même de hautes falaises, si elles sont entièrement dénudées, provoquent davantage une impression d'effroi et de répulsion qu'une sensation d'élévation pleine d'attraits. Seul le monde végétal dévoile les nuances les plus délicates et les plus chatoyantes de la nature. Il faudrait qu'il soit comme mort et dépourvu de toute sensibilité l'homme qui — à supposer que ce puisse être le cas — passerait ses journées dans une lande désolée !

C'est dans des lieux situés dans une belle région, où alternent monts et vallons, avec prairies, rivières, forêts et tous les charmes de la nature, que l'esprit du promeneur sera partout séduit et trouvera, pour ses considérations, la matière la plus riche et la plus charmante. Dans un tel paysage, même les phénomènes qui, dans une lande désolée ou une région sans relief, laisseraient de marbre l'esprit le plus réceptif, sauront avoir un charme éminent. Le grand spectacle du soleil qui se lève ne devient magique que dans un paysage intéressant, au sommet de hautes montagnes. Au lever du soleil, le passage progressif de la nuit au jour n'est vraiment perceptible que dans les montagnes, lorsque la lumière éclaire d'abord les sommets, tandis que l'obscurité règne encore en bas et que la vallée reste prise par les ténèbres. Toutefois, même dépourvue de montagnes, la nature a encore de grands attraits avec ses prairies et ses forêts coupées de riantes campagnes. Il n'y a que dans les endroits où cela lui fait aussi défaut, lorsque le paysage nu et monotone épuise le regard sans jamais le retenir, qu'elle apparaît vraiment indigente ; et l'homme qui flâne ici — pour autant que cela soit encore possible — en est réduit à ne compter que sur ses seules ressources.

Mais il ne faudrait pas que l'intérêt porté par le promeneur à la nature soit d'ordre intellectuel. Un tel intérêt irait au-delà de la simple impression des choses, au-delà de leur surface charmante, et il transformerait le libre jeu de l'imagination, pure activité de délassement, en une affaire sérieuse, aussi épuisante pour l'esprit qu'exténuante pour le corps. La nature ne peut agir de façon pleine et pure pour égayer l'esprit, pour le rendre capable d'accueillir fidèlement les choses, pour lui donner une connaissance familière de ses phénomènes, que dans la seule disposition intérieure favorable à la promenade : lorsqu'on se laisse aller à ses impressions, l'âme ingénue et pas seulement passive. On est en droit de se demander si un naturaliste habitué à disséquer les choses de la nature en leurs différentes composantes et à les classer en catégories est capable de cet intérêt pur que montre pour la nature l'observateur ingénu qui s'abandonne à son seul spectacle. Toutefois, l'intérêt qui pousserait quelqu'un à observer la merveilleuse constitution d'un insecte et la beauté de sa forme ne serait pas d'ordre purement intellectuel. Ce n'est pas l'entendement pur qui serait alors sollicité, et l'observation, dégagée de la simple et froide curiosité, en resterait à l'impression extérieure. Être encore capable d'un tel intérêt pour la nature, voilà qui attesterait chez un naturaliste une humanité restée intacte.

4

Intérêt de l'esprit et conditions nécessaires à la promenade

En fait, l'intérêt porté par le promeneur à la nature devrait être d'ordre esthétique. Seule la considération esthétique de la nature permet le libre jeu des forces de l'âme : elle seule est capable de prospérer sur le charme de son apparence, aux fins de mieux la connaître dans la diversité de ses phénomènes. Elle favorisera aussi de façon indirecte, par le biais d'impressions suscitées par des scènes grandioses et touchantes, l'intérêt moral pour la nature, prenant ainsi le pas sur l'activité de l'esprit qui, en fondant l'observation sur un intérêt purement intellectuel et moral, transforme le libre jeu des forces de l'âme, si nécessaire à la finalité de la promenade, en une affaire sérieuse.

Mais c'est aussi de l'esthétique que devrait relever l'intérêt du promeneur pour le genre humain, pour autant que mérite d'être qualifiée d'esthétique toute libre occupation des forces de l'âme, lorsque l'activité entière se résume à un divertissant jeu d'idées. Il y a des gens qui ne semblent guère capables d'un tel intérêt pour le genre humain : ils ne peuvent considérer le tumulte d'une joyeuse société s'égayant dans les allées d'une promenade sans aussitôt, prenant le prétexte de ce plaisant chatoiement — seule impression retenue par le bon sens d'un cœur ingénu —, se perdre dans des considérations morales et intellectuelles sur le luxe, la décadence des mœurs et les progrès de la culture. Celui qui se laisse ainsi submerger par ce genre d'humeur a bien peu de chance d'être capable de se promener en compagnie des autres : il ne trouvera pas en leur présence matière à réjouir son cœur chagrin ; il ne fera qu'aggraver sa mauvaise humeur. Ce fut, d'une certaine façon, l'erreur de Rousseau, et cela explique son rapport trop exclusif avec la nature. Il suffit d'être attentif à une telle direction trop univoque du cœur pour s'en prémunir, en cherchant chaque fois à préserver toute l'ingénuité de son cœur et de son esprit.

Si l'on considère la personne, la première condition nécessaire à la promenade est l'ingénuité du cœur. Il est impossible de flâner avec un cœur alourdi par les soucis ou une âme chagrine, et il faut être capable de se décharger de ses soucis et de ses peines pour se laisser pénétrer par l'impression revigorante et bienfaisante d'une promenade. Mais cela seul ne suffit pas pour pouvoir retirer une telle impression de la promenade. Si l'on considère le lieu, il faut que soient aussi réunies des conditions extérieures qui ne relèvent pas du pouvoir du promeneur. Or elles ne se trouvent réunies que dans une ville assez importante et peuplée. Dans un tel lieu, où tout le monde ne connaît pas tout le monde, comme c'est le cas dans une petite ville, les individus n'existent les uns par rapport aux autres que par leur apparence et non pas en tant que personnes prises en particulier, bref la foule des promeneurs n'est pas faite que de gens de connaissance. Cela laisse au cœur toute sa liberté ; et il n'y a que là, sur les promenades publiques, que l'on peut se sentir diverti et réjoui, ce qui ne peut être le cas dans une petite ville. Lorsque nous y rencontrons des personnes de connaissance, nous ne nous arrêtons en effet jamais à l'apparence : nos pensées prennent aussitôt une autre direction, vers l'intérieur ; nous nous rappelons aussitôt leur situation, leur façon de penser, leurs relations, leur rapport plus ou moins étroit avec nous. Dans une ville de quelque importance, il y a très peu de chance pour que les gens que nous rencontrons soient des personnes de connaissance.

Parmi les conditions extérieures de la promenade, il faut aussi mentionner, indépendamment de l'endroit, celles qui dégagent le promeneur de toute entrave à sa liberté. C'est ainsi que l'obligation qu'il y aurait à se promener dans un certain lieu, à une certaine heure, en compagnie de personnes qui ne seraient pas librement choisies, ou même en se sentant carrément surveillé, serait une pure contradiction. Se promener est un plaisir libre, qui ne coexiste avec aucune contrainte. Les choses les plus agréables que connaisse l'homme libre — et les promenades en font certainement partie — peuvent devenir un véritable fardeau sous la pression des circonstances. Toute circonstance soumettant la liberté du mouvement à des règles mécaniques et à une contrainte servile empêche, surtout dans les années de jeunesse si importantes pour la formation personnelle, le libre développement de la personnalité et engendre une incapacité à faire un usage personnel et raisonnable de la liberté. — Il suffit déjà d'un importun rencontré sur une promenade pour nous retrouver dans la situation d'Horace qui, sur la Voie sacrée, se vit accoster et importuner par un érudit. De la même façon, il serait impossible de se promener, l'âme totalement libre, si l'on redoutait de rencontrer durant sa promenade certaines personnes dont on souhaite éviter la vue ; et la promenade au milieu de la nature perd tous ses charmes si la crainte (par exemple de bandits ou de bêtes féroces) affecte l'impression de plaisir. C'est pourquoi il faut que soient d'abord réunies les conditions intérieures et extérieures de la promenade pour pouvoir véritablement céder à ses plus douces sollicitations ; et ce n'est que lorsque ces conditions indispensables sont réunies que les objets de la promenade — une allée très fréquentée, un très beau paysage, une journée radieuse — peuvent agir avec toutes leurs forces sur le cœur du promeneur.

Mais si, au cours d'une promenade dans un endroit fréquenté, les conditions de liberté intérieure et extérieure sont réunies, alors la simple vue des autres suffit à distraire et réjouir le cœur. C'est en effet une particularité de notre nature de nous sentir solitaires uniquement lorsque nous sommes séparés des hommes, au milieu de la nature ou dans notre chambre. Dès qu'au plus profond de la solitude, que ne trouble la présence d'aucune autre espèce de créatures, nous apercevons ne serait-ce qu'une seule personne, nous ne nous sentons plus seuls. Quelle joie pour le voyageur solitaire de rencontrer un être humain ! Et cette vue ne le réjouit pas seulement en regard de sa sécurité. — Cet effet divertissant se trouve renforcé par la vue de plusieurs personnes ; et il l'est bien plus encore à la vue de joyeux promeneurs qui ont oublié tous leurs soucis et s'entretiennent agréablement[1].

1. Pour se sentir agréablement diverti (et non pas arraché à sa solitude, surtout si c'est de façon déplaisante) par la vue d'autres personnes sur les promenades publiques, il est préférable de ne pas les voir occupées à des affaires et encore moins de mauvaise humeur. Il est certain que ce serait guère plus qu'agréable et divertissant d'apercevoir depuis les allées les étals, les comptoirs et les toilettes de la ville. Il est tout aussi certain que la mauvaise humeur des autres est contagieuse ou du moins porte préjudice à la gaieté. Un seul visage indifférent n'est déjà pas d'un effet avantageux pour le cœur, même s'il ne le déprime pas sur l'heure. Or les promenades publiques libèrent les gens de leurs affaires et les invitent au plaisir : c'est pourquoi elles ne manquent pas d'avoir un effet réjouissant. (N.d.A.)

Un poète très apprécié décrit avec beaucoup de vérité l'effet que produit la vue d'autres personnes, et pas seulement sur l'hypocondriaque :

L'éternel insatisfait s'échinant à penser,
Questionnant des livres qui n'existent pas,
Ne sachant pas ce qu'il désire,
Ne sachant pas ce qui le gêne,
Ne sachant pas ce qui lui plaît,
Ferait bien de chercher la société des autres !
Ainsi pris dans leur cercle,
Un bon mot ne tarde pas,
Dans le tumulte de la conversation,
Pareil à un éclair qui luit,
À percer le labyrinthe du cœur
Et à éclairer ses profondeurs[1].

1. *Voyage dans les provinces de France* de Thümmel. Tome I, p. 73. (N.d.A.) Moritz August von Thümmel (1738-1817) a écrit un ouvrage à succès en dix volumes entre 1791 et 1805 : *Reise in die mittägli. Provinzen von Frankreich (Voyages dans les provinces du midi de la France)*. (N.d.T.)

5

Nécessité de se promener régulièrement dans la nature et sur les promenades publiques

Ces deux façons de flâner, au milieu de la nature et sur les promenades publiques d'une ville, répondent bien à la finalité de la promenade ; mais aucune n'y répond pleinement. Les deux doivent être combinées si l'on veut que la promenade réunisse tous les avantages que notre existence intellectuelle est en droit d'en attendre. Celui qui ne ferait que flâner sur les promenades publiques témoignerait de bien peu de sensibilité pour la nature, tandis que celui qui s'appliquerait à éviter les promenades publiques par un commerce solitaire avec la nature ferait bien peu de cas des avantages que la vie en société apporte à la culture sous toutes ses formes.

Que ce soit le gandin sans cervelle que l'on voit sur toutes les promenades publiques mais jamais au milieu de la nature, ou l'esprit ténébreux qui toujours recherche l'obscurité des forêts ou l'immensité de la campagne dans l'espoir de n'y rencontrer personne, tous deux ne retirent de la promenade qu'un avantage très limité. L'intérêt du premier, lors de ses promenades, dépasse difficilement celui de sa propre vanité, tandis que l'autre perd totalement l'ingénuité du cœur, indispensable pour ressentir un plaisir désintéressé dans la compagnie des autres.

Si l'on se pose maintenant la question de savoir quel rapport peut bien exister entre ces deux façons de se promener, il est permis, pour y répondre, de revenir ne serait-ce que sur la finalité et l'effet de chacune.

Se promener loin des sentiers battus entretient la connaissance de la nature. Le citadin court facilement le danger de perdre le sens de la nature et doit prévenir ce danger en allant de temps en temps se promener au milieu de la nature. De surcroît, les contingences citadines finissent par assujettir complètement l'esprit, qui ne s'en défait jamais ; c'est pourquoi il faut parfois élever et élargir l'horizon de son esprit en se frottant aux impressions supérieures procurées par la nature. La grandeur et la liberté de la nature libèrent des contingences mesquines imposées par le carcan citadin.

Il va de soi que l'esprit n'a pas aussi fréquemment besoin d'une telle élévation pour être distrait de ses affaires. Une courte promenade dans un lieu public très fréquenté suffit à procurer ces brefs moments de distraction et de repos. D'autant plus que les fortes impressions procurées par la nature ne tarderaient pas à perdre tout leur impact sur notre cœur si l'on vivait continuellement en son sein. Pour être toujours réceptif à la nature, pour élargir quelquefois son esprit au contact de sa grandeur, il est bon d'entreprendre de temps en temps un voyage dans une contrée offrant de grands et sublimes objets de la nature ; et pour pouvoir en retirer tous les plaisirs, il faudrait le faire à pied ; il faudrait que ce soit une véritable promenade et non un pénible voyage. Mais, pour les promenades habituelles au milieu de la nature, il n'est pas nécessaire que cette dernière apparaisse dans toute sa grandeur. Elle sollicite trop fortement l'activité de l'esprit pour qu'on désire s'en approcher toujours. Qui ne voudrait se promener qu'au milieu des Alpes ?

D'une façon générale, les promenades en pleine nature se rapprochent davantage de l'état de solitude ; tout comme les promenades dans les lieux fréquentés d'une ville animée revêtent davantage le caractère de la vie en société. Il n'est pas nécessaire d'être seul quand on marche en pleine nature, et pourtant on peut y être plus seul que sur une promenade publique. Les rares personnes qui se promènent à la campagne sont bien trop dispersées pour pouvoir entretenir une connivence de sentiments aussi étroite que sur une promenade de dimension réduite. Ce n'est d'ailleurs pas le but recherché ; car la distraction engendrée par la vue d'autres personnes viendrait vite anéantir la finalité de la libre promenade en pleine nature, qui est d'observer cette dernière avec calme et ingénuité.

6

Influence de la promenade solitaire au milieu de la nature sur le développement de l'esprit

S'il n'est pas nécessaire d'être seul pour répondre à la finalité de la promenade en pleine nature, et même si l'on peut très bien se laisser prendre par une tranquille conversation avec un compagnon qui est dans les mêmes dispositions d'esprit que soi et s'entretenir sans passion des choses de la vie humaine en général, de littérature ou d'événements de la vie publique pendant cette marche en plein air, sans perdre pour autant les impressions que fait la nature sur le cœur, il faut pourtant que celui qui ne veut pas être simplement l'écho d'impressions extérieures et qui, au contraire, ressent de l'intérieur le besoin de s'abandonner à son propre génie et de vivre avec lui-même se promène parfois seul. Celui qui ne ressentirait pas un tel besoin serait un être commun et sans substance. La nature propre, les pensées propres d'un individu ne se développent que dans les heures où, à l'abri d'esprits étrangers, il se retrouve en tête à tête avec lui-même. Même avec la meilleure volonté du monde, il n'est guère possible de trouver un meilleur moment pour ce faire que durant la promenade. Ils sont bien trop rares les instants où l'esprit peut se retrouver dans l'imbroglio de notre culture, dans le vaste domaine de notre littérature et de notre vie sociale ; ne serait-ce que pour transformer les impressions étrangères en un bien propre, par un travail personnel et calme ! Se promener en pleine nature, lorsque les objets de la nature stimulent doucement l'activité de l'esprit et, par leur diversité, la maintiennent dans un jeu agréable, voilà qui favorise grandement le commerce avec soi-même, sans avoir ce caractère pénible qui imprègne à la longue l'introspection menée entre les quatre murs d'une chambre.

Se promener seul de temps en temps au milieu de la nature, dans le but de se retrouver soi-même, loin des distractions offertes par la société et la littérature, ne peut certes pas être la finalité immédiate de la promenade en pleine nature ; mais il n'y a pas de mal à ça. Cela ne deviendrait préjudiciable que si l'on se plongeait ou se perdait complètement en soi au cours d'une telle promenade dans la nature, de sorte que toutes les impressions, tout le profit que le cœur pourrait retirer de la nature, disparaîtraient. C'est parce que l'activité de l'esprit, au cours d'une promenade, doit toujours être légère et dégagée de tout effort pour correspondre à sa finalité que cette façon de se promener en solitaire ne doit être comprise que dans la perspective d'un libre commerce avec soi-même. C'est alors seulement que l'esprit se laissera surprendre par des impressions qu'il ne pourrait obtenir en se forçant.

De même que l'on entretient un libre commerce avec soi-même au sein de la nature, de même on atteint la finalité propre à la promenade loin du monde en s'abandonnant avec toute l'ingénuité du cœur aux seules impressions des phénomènes de la nature. Là aussi, l'esprit entretient une relation d'échange avec la nature ; il n'entre pas en contact avec elle de façon immédiate mais uniquement par le biais de son existence intellectuelle, de son humeur, de ses idées, de ses sentiments, et de tout ce qu'il manifeste pour la regarder — et chacun le fait à sa façon. Car se contenter de regarder la nature en aveugle, sans y associer des sentiments et des idées qui donnent à la contemplation de cette dernière tout son sens et toute son importance, et dont le jeu, diversifié par une plus grande richesse de cœur et d'esprit, augmente encore le plaisir, ne serait qu'une sourde rêverie — pas une promenade. Or la contemplation et la jouissance de la nature restent toujours la principale finalité de ce genre de promenade, même lorsqu'on flâne seul, car c'est là que l'impression de la nature est la plus forte, c'est là que l'âme saisit au vol tout le chatoiement de ses phénomènes. Si quelqu'un ne faisait que se voir soi-même dans la nature ou utilisait simplement cette dernière comme décor pour poursuivre ses idées sans aucun rapport avec elle, il pourrait tout aussi bien rester dans sa chambre. La nature ne parlerait alors plus à son esprit et à son cœur, et il n'accueillerait plus avec amour son image. C'est aussi pour cela qu'on a parfois besoin de solitude quand on se promène au milieu de la nature. Celui qui ne ressent pas de temps en temps le besoin d'un commerce solitaire et ingénu avec la nature n'est qu'un individu commun dont la nature profonde n'est jamais parvenue à maturité.

C'est à coup sûr une image très fidèle des phénomènes de la nature libre que propose Goethe dans le passage suivant de *Werther*. Pour dépeindre la nature aussi fidèlement que le fait Goethe ou Thomson[1] dans *Les Saisons*, il faut l'avoir saisie par une observation personnelle et une introspection solitaire, qui seules permettent à l'âme de s'imprégner aussi distinctement de son image, comme en témoigne le tableau qu'en fait notre poète national, tout comme *Les Saisons* de l'auteur anglais :

« Lorsque du haut des rochers, mon regard embrassait la vallée fertile, par-delà le fleuve jusqu'aux collines lointaines, et que je voyais tout germer et sourdre autour de moi ; lorsque je voyais ces montagnes couvertes du haut jusqu'en bas de grands arbres touffus, ces vallées aux multiples méandres ombragés de forêts charmantes, tandis que la rivière glissait doucement entre les roseaux frémissants et renvoyait le reflet des nuages doucement bercés dans le ciel et poussés vers moi par

1. James Thomson (1700-1748), auteur anglais surtout célèbre pour l'œuvre mentionnée ici par Schelle, *The Seasons* (1730). (N.d.T.)

la brise du soir ; quand j'entendais autour de moi les oiseaux animer la forêt, tandis que par millions des essaims de moucherons dansaient allégrement dans le dernier rayon rougeoyant du soleil et que son ultime regard palpitant libérait de l'herbe l'insecte bourdonnant ; et quand le bruissement et le fourmillement autour de moi attiraient mon attention vers le sol, quand la mousse arrachant sa nourriture à mon solide rocher et les broussailles recouvrant tout le flanc de l'aride colline sablonneuse me révélaient la vie secrète, ardente et sacrée de la nature : avec quelle ferveur j'accueillais tout cela dans mon cœur brûlant, je me sentais comme béni des dieux au milieu de cette abondance, et les formes admirables du monde infini remuaient dans mon âme, animant tout d'une vie nouvelle. »

Mais on se tromperait beaucoup si l'on croyait pouvoir accueillir par de simples descriptions, même les plus belles comme celle-ci, toutes les impressions de la nature ici reflétées !

7

Promenades publiques dans les allées. Le meilleur endroit pour les aménager

Il est incontestable que les promenades publiques d'une ville peuvent être rangées au nombre des besoins essentiels de la vie sociale. Si l'on ne portait pas attention à cet aspect indispensable au plaisir général dans les villes relativement importantes et aisées, la civilisation aurait vraiment fait bien peu de progrès. Dans un endroit où les gens vivent en assez grand nombre sur un même espace, où — dans les grandes villes du moins — l'on ne trouve pas de maisons avec jardins et où, en plus, lorsque se fait sentir le besoin de compagnie et de rencontre entre personnes de milieux différents après de pénibles travaux faits dans l'intérieur des maisons, l'on ne se contente pas de la nature solitaire avec laquelle tout le monde ne sait pas forcément entrer en contact, et où l'individu qui saurait le faire ne souhaite pas toujours ce seul et unique contact — et cela moins aux heures de repos que dans les moments où l'on ne se sent pas totalement détendu —, alors on ne peut laisser à la nature le soin exclusif d'accueillir les promeneurs. Si tel était le cas, les gens auraient bien du mal à trouver un point de rencontre pour leurs promenades, et il n'y aurait pas entre eux ce jeu d'influences libres et réciproques propre à une communauté. Lorsque font défaut ces promenades où il serait possible de se distraire très aisément rien qu'en regardant les autres flâner, c'est le besoin le plus indispensable d'une ville cultivée qui fait défaut.

D'ailleurs, même dans des villes assez petites, le besoin de promenades n'est pas resté totalement insatisfait ; il est vrai que souvent il ne peut être satisfait de meilleure manière parce que la mise en place de promenades appropriées s'oppose à la nature, à la situation et aux conditions sociales. Mais, d'une façon générale, le manque de promenades aménagées de façon appropriée que l'on ressent souvent de façon aiguë, pourrait s'expliquer par le fait que l'on se trouve encore à un degré trop bas de culture, qui n'en ferait pas ressentir le besoin. Il y a des villes où les promenades vraiment très agréables sont rarement fréquentées et accueillent extrêmement peu de promeneurs, sans qu'un sens trop vif de la nature appelle ces derniers à s'échapper au milieu de la nature. Là où l'intérêt vulgaire pour les jeux de cartes étouffe tout sens pour les joies plus nobles et plus riches de la nature et de la sociabilité, peut-on encore se targuer d'être cultivé ? Leipzig, qui concentre tant de ressources culturelles, prouve aussi sa culture par le fait que, dans le même esprit d'humanité qui lui a fait créer ses belles allées, elle jouit et garantit pleinement le plaisir de pouvoir y flâner.

L'idéal, c'est d'avoir des promenades aménagées immédiatement aux portes de la ville où elles peuvent dérouler leurs tracés. Des promenades plus éloignées, et qui ne feraient pas le tour de la ville, obligeraient à aller chercher trop loin le plaisir de flâner dans un lieu fréquenté. Cela rendrait de telles promenades incommodes et fatigantes ; de surcroît, elles seraient peu utilisées. Par contre, dans une ville bien située, bien construite et bien délimitée, on se retrouve toujours sur des promenades publiques et en réjouissante compagnie, quel que soit le côté par où l'on en sorte. En raison de leur taille gigantesque, les grandes villes sont aussi peu à même de garantir pleinement le plaisir de promenades publiques que les petites, ces dernières en raison de leur manque d'intérêt pour ce genre de chose et le manque de liberté intérieure entravée par la trop grande connaissance des habitants entre eux. Même si l'on aménage des allées à l'intérieur d'une grande ville, elles ne garantissent pas — à supposer encore que le centre de la ville leur soit réservé et que toutes les rues principales y convergent — tout l'agrément et tous les avantages des allées d'une ville de taille moyenne entourées de promenades. Dès que celle-ci se rapproche du modèle idéal d'une ville (agréablement construite) et qu'elle constitue un ensemble arrondi ou allongé, ces allées se remplissent très aisément de promeneurs venus de toute part, qui les abandonnent tout aussi facilement pour retourner chez eux, selon que leurs affaires les en détournent ou qu'ils ressentent le besoin de tranquillité ; ils se promènent toujours dans des directions différentes où le regard s'ouvre vers les lointains, sans jamais s'éloigner du centre qui constitue leur communauté de résidence ; ils ne sont pas toujours à se croiser, sans pourtant être dans l'impossibilité de rencontrer des gens qu'ils savent être dans cette allée ; il leur suffit pour cela de rebrousser chemin, chose qui ne serait pas aisée si la ville étendait ses méandres de partout, ce qui détruirait l'équilibre entre le temps nécessaire pour faire le tour d'une ville aussi peu harmonieuse et le temps imparti au besoin de la promenade.

Même une ville légèrement en pente, avec ses différents niveaux, sans pour autant être adossée à une montagne, ce qui rendrait difficile, voire impossible d'en faire le tour, serait à même d'augmenter le plaisir des promeneurs[1].

1. Avec ses allées calculées en fonction de perspectives ouvertes, Leipzig rassemble toutes les conditions d'une telle situation. (N.d.A.)

8

Promenades publiques dans les allées. Impressions

Lorsque l'on flâne dans les allées joliment plantées d'une ville bien adaptée aux finalités des promenades en société, la nature n'agit pas sur le cœur uniquement en tant que nature. On ne se préoccupe pas spécialement ou pas uniquement d'elle comme en pleine campagne. Elle sert plutôt de décor aux flâneurs et, par le doux charme de sa verdure revigorante dont l'attrait varie à l'infini selon les formes toujours changeantes des différentes sortes de plantes et de feuillages, elle entraîne les cœurs à rechercher la compagnie des autres[1]. Elle est le fond de verdure qui met en valeur le tableau de ce petit monde en promenade.

1. En hiver, le petit monde de la promenade n'a pas le même charme vivifiant, et se promener est alors une activité de nature plus physique qu'intellectuelle. (N.d.A.)

Les allées des promenades aménagées devant les portes d'une ville conjuguent donc la double impression de la nature et de l'humanité — mais dans un mélange bien particulier. La nature, par la rapide transition entre ses aspects libres et l'agencement de l'artifice humain qui reste toujours présent au cœur sur les promenades d'où l'on aperçoit toujours la ville, paraît être en opposition avec l'art. Telle est du moins, même si souvent on ne la ressent pas vraiment ou que l'on n'y fait pas attention, la sombre impression que provoquent un si rapide changement et une si grande proximité entre nature et art, lorsqu'on aperçoit une ville entourée de jardins, et que seule l'habitude finit par dissiper. Mais même si quelqu'un était pour la première fois confronté à cette double impression, il ne manquerait pas de trouver la solution à cette opposition, à supposer qu'il soit un esprit cultivé, dans la pure impression de flânerie éprouvée sur une promenade publique ; il faudrait sinon avoir un esprit chagrin à la Rousseau, qui était incapable de dissiper l'amorce d'un premier sentiment, même parmi mille autres sollicitations à la joie.

Cette pure impression de flânerie sur une promenade publique s'exprime par une bienveillance désintéressée pour les hommes et leurs activités : le spectacle de la joie, de la bonne humeur, les plaisanteries gaies, l'habillement de bon goût, l'allure agréable du beau monde, le jeu changeant des silhouettes qui passent, toute cette vie grouillante et bigarrée, tout, même les naïves polissonneries d'un enfant, est une source d'agrément pour le promeneur et occupe son esprit sociable sans lui imposer la moindre contrainte. Plus il trouve les promenades publiques fréquentées et animées, plus il se sent gai et diverti.

Mais s'il ne veut pas prendre le risque de la solitude malgré l'animation qui règne dans ces allées, le promeneur doit éviter de marcher seul ; c'est en compagnie de gens se livrant avec insouciance à une conversation agréable, sans pour autant perdre de vue les impressions du monde qui les entoure, qu'il pourra atteindre cette totale liberté de cœur et goûter pleinement le plaisir de la promenade. La conversation avec d'autres, par le jeu des idées de ceux qui les exposent et par l'intérêt réciproque que se portent les gens, occupe l'esprit beaucoup plus librement que lorsqu'on poursuit seul ses pensées, qui éloignent trop facilement de l'impression des choses et conduisent trop facilement à se perdre dans une suite d'idées sans rapport avec le monde sensible.

Si, dans les promenades en pleine campagne, c'est l'impression de la nature qui domine, même si l'on n'y est pas seul, par contre dans les promenades même solitaires dans les allées entourant une ville, et par suite de l'attention plus exacte portée à ses sentiments, c'est l'idée de la vie en société qui prédomine dans les sensations de l'âme, ne serait-ce que par les impressions procurées par l'endroit même. Seulement, quand on se promène seul dans les allées d'une promenade, on est beaucoup plus enclin qu'en société à accorder à la nature une attention plus soutenue. Dans ces instants, on découvre des perspectives qu'on n'aurait pas vues sinon, on se fait des remarques sur telle ou telle impression qui serait passée inaperçue.

Si l'on considère, suivant en cela la nature de la chose, que le caractère de la promenade dans les parcs d'une ville se fonde sur une impression de flânerie collective dans un beau décor emprunté à la nature, on pourra facilement s'expliquer que les femmes adorent ce genre de promenades en bonne compagnie. Le sexe féminin préfère de loin vivre en société plutôt qu'au milieu de la nature. La nature est proche de la solitude ; et, pour le second sexe, la solitude est beaucoup trop sombre et terrible pour qu'il puisse la supporter longtemps. C'est tout au plus dans les moments d'amour qui, conformément à leur nature, poussent à rechercher la solitude, qu'on trouve des femmes — au bras de leur amant ou d'un ami cher — dans la nature. Mais, chaque fois que la nature apparaît au sexe féminin liée à la société, comme sur les promenades publiques d'une ville — que ce soit des allées serpentant autour de la ville, des jardins, ou bien la lisière d'une forêt où le monde a l'habitude de venir flâner —, la femme s'y trouve à son aise.

9

Jardins d'agrément

Les jardins de quelque importance situés à proximité d'une assez grande ville doivent être considérés tout autrement que les jardins d'une petite ville. Ces derniers, quand ils sont ce qu'on appelle des jardins d'agrément, sont davantage calculés pour leur utilité que pour le plaisir immédiat : plantes aromatiques, vignes, massifs de fleurs, tout cela concentré sur un espace étroit, y compris la haie de verdure entourant le jardin, reproduisent tout le décor de la nature ; et ils peuvent déjà satisfaire un certain sens de la nature. Le grand avantage, c'est que le jardin est à la disposition immédiate de son propriétaire, sans que ce dernier ait à redouter d'être gêné dans son commerce privé avec la nature.

Dans les villes plus grandes, on ne trouve pas seulement des jardins de plus grande importance ; ils font aussi une tout autre impression. Leur étendue donne à l'esprit davantage de liberté et de latitude ; il n'est pas utile d'y être seul pour se sentir encore libre et gêné par rien. Tout ce qui pourrait sembler ne répondre encore qu'à une exigence utilitaire comme des massifs d'herbes aromatiques, des arbres fruitiers plantés ici et là, attire à peine l'œil ; la grande et libre nature qui s'impose ici[1] fait que l'emprise de l'artifice passe au second plan dans les impressions de ceux qui s'y promènent. Les jardins de ce style sont des jardins d'agrément au sens propre du terme.

Si un tel jardin aménagé de cette façon devenait public et était fréquenté à certaines heures par le beau monde — auquel cas il deviendrait de bon ton de s'y trouver —, le plaisir d'y flâner serait alors une façon de profiter de la nature en bonne compagnie. On ne ferait certes pas grand cas de la nature, mais on en retirerait du moins cette impression générale que le jardin ferait sur les promeneurs. Celle-ci serait néanmoins plus saisissante que dans les allées d'une ville. Si une telle habi-

1. Qu'il soit simplement permis de rappeler qu'on ne parle plus maintenant que de jardins aménagés à l'anglaise. (N.d.A.)

tude s'établissait, ce serait alors tout bénéfice pour le plaisir, surtout durant les chaudes journées d'été où un jardin irrigué et frais ne pourrait manquer d'être très propice aux promenades. Il est dommage que de nombreuses villes ne disposent pas de ces véritables jardins publics.

Plus solitaire serait le plaisir de la promenade dans un jardin privé. Car s'il était aussi permis à d'autres qu'aux membres de la famille du propriétaire d'y flâner, tout le monde ne s'y rendrait pourtant pas pour des promenades régulières. Si le propriétaire du jardin s'en réservait exclusivement la jouissance, il régnerait là, aux heures où il n'a aucune compagnie, une solitude encore plus profonde. Il est facile d'imaginer comment quelqu'un, qui est doué du sens de la nature, souhaite posséder pour soi, à proximité de la ville, un asile de nature non frelatée, où il peut se défaire facilement des liens du grand monde. Son humanité mérite d'autant plus de considération lorsque, avec ce sens de la nature qui est le sien, il partage le plaisir de son jardin avec les autres.

Les concerts organisés dans les jardins rendent les promenades en société plus agréables et divertissantes, même si la musique y perd sous le rapport de l'art. Étant jouées dans un endroit qui n'a rien de comparable à une salle spécialement construite à cet effet, beaucoup de nuances de sonorités échappent à l'oreille de l'auditeur et se dissipent dans les airs ; le public, distrait par les impressions de la nature et du monde qui s'y trouve, ne lui accorde pas une attention sans partage, et la musique n'est là que pour distraire et augmenter le plaisir du plus grand nombre, pas pour éduquer le sens artistique. C'est surtout lorsqu'on flâne à quelque distance des musiciens que la musique fait une très bonne impression dans les allées de ces jardins, surtout s'il s'agit de concert avec des instruments à vent.

Et pourtant on n'apprécie la musique dans les jardins qu'en compagnie du monde qui s'y trouve. Aux joueurs de flûtes que l'on entendrait sans déplaisir en passant devant une maison de jardinier au cours d'une promenade en solitaire, on préférera toujours un concert de moineaux dans un parc ouvert sur l'extérieur[1].

1. L'agréable impression qu'éveille le son d'une flûte au milieu de la nature — par exemple dans les pays du Sud comme l'Italie, sur le flanc d'une colline ou au bord de la mer — a une autre raison. Elle évoque l'idée d'un monde idéal (idyllique), où l'homme, sous un ciel clément, vit en contact direct avec la nature libre. (N.d.A.)

La seule vue d'une maison de jardinier dans un jardin très fréquenté aux abords d'une ville présente au flâneur une sorte de monde rustique. On trouve là, mis à part les travaux des champs, les outils, le bétail — bref tout ce qui fait la vie du paysan —, l'ensemble des charmes de la nature. Mais, pour se convaincre pleinement qu'il se trouve à la campagne, à l'abri des contraintes de la ville, le citadin devrait habiter lui-même à la campagne. De ce point de vue, les promenades champêtres auraient encore un charme particulier, dans la mesure où chaque regard porté sur les travaux des champs, les outils, bref sur tout ce qui fait la vie du paysan, entretiendrait en lui la conscience de la vie rustique épargnée par les contingences citadines. Ce n'est pas en fait la vie campagnarde en soi (car aucun citadin ne voudrait troquer son état contre celui d'un paysan) mais le rapport de celle-ci avec la pure nature, et l'opposition ainsi mise en relief par rapport aux conditions de vie citadine, qui confèrent autant d'agrément à la vie et aux promenades du citadin à la campagne.

De grands parcs où l'on peut marcher pendant des heures et parcourir ainsi plusieurs lieues ne peuvent être simplement considérés comme des parties de nature séparées et intégrées à la ville pour la satisfaction du sens de la nature dans les limites de la ville et de l'art. Il faut les voir comme des paysages enjolivés. En dépit de toute la liberté naturelle qui s'y déploie, l'idée même de jardin est indissociable de l'impression que celui-ci n'existe que pour et par les hommes. Cette impression provient des bâtiments judicieusement disposés, des statues, des ponts, des tonnelles, des niches, des cabanes, des bancs, des sièges. Mais ils doivent toujours rester dans un rapport inférieur à la nature, qui doit apparaître dans sa plus grande diversité pour que le plaisir du promeneur ne soit pas bridé par un ordre et un agencement trop contraignants. Toutes ces conditions sont réunies dans le célèbre jardin de Wörliz.

10

Se promener à pied, à cheval et en voiture

Aller à cheval et en voiture pour son plaisir et non par nécessité, voilà qui participe au gain que l'esprit peut retirer du mouvement du corps, tout en n'en constituant que des formes particulières. D'une façon générale, la différence entre promenades à pied, à cheval et en voiture vient du fait que, pendant la promenade à pied, le mouvement du corps est entièrement autonome et ne recourt à aucune aide extérieure, alors que, par le recours à un tel expédient, les promenades à cheval et en voiture rendent le corps plus ou moins passif. C'est cette différence dans le mouvement qui fait que l'esprit réagit différemment selon le mode de déplacement choisi.

La promenade à pied est la façon la plus naturelle de flâner, parce qu'elle dépend entièrement de nous et nous laisse totalement à nous-mêmes. En nous promenant à pied, nous nous trouvons entièrement libres d'observer les choses comme bon nous semble, avec une totale tranquillité d'âme ; nous pouvons accorder le mouvement du corps aux exigences de l'esprit et, lorsque l'observation veut s'élargir un instant à une vue d'ensemble, il suffit d'un léger déplacement du corps pour embrasser tout l'horizon ; sans troubler le moins du monde l'attention portée à un objet précis, nous pouvons nous arrêter ou continuer à marcher selon les exigences de notre esprit.

Or quand on se promène à cheval ou en voiture, l'esprit n'a pas cette liberté de se porter aussi facilement et prestement vers tous les horizons ; beaucoup de choses échappent à l'observation de celui qui se promène à cheval ou en voiture, alors qu'elles procurent le plus grand plaisir à celui qui se promène à pied. Admirer le paysage du sommet d'une montagne qui ne peut être gravie qu'à pied, flâner sur ses crêtes où seuls peuvent parvenir des promeneurs à pied, profiter en toute tranquillité du panorama : autant de choses que ne peuvent procurer les promenades en voiture ou à cheval.

Par contre, les promenades en voiture et à cheval ont d'autres avantages. D'abord, on se fatigue moins à cheval et en voiture que lorsqu'on va à pied. C'est pourquoi, pour des promenades dépassant une lieue, c'est sans conteste la voiture et le cheval qui l'emportent sur la marche à pied. Un second avantage de la voiture ou du cheval par rapport à la promenade à pied, c'est que l'on peut traverser aussi vite que possible, et sans tous les désagréments qui s'y attachent, des contrées ou des régions dénuées de charmes et d'agréments.

Si l'on évalue ce qui est propre à la promenade à cheval dans la perspective de sa valeur intellectuelle, on s'aperçoit que le mouvement vif imprimé par un animal en mouvement donne aux objets aperçus un rythme et une vie propre qui animent aussi l'esprit. Vu la place élevée dont jouit un cavalier sur sa monture, celui-ci est plus à même d'avoir une vue d'ensemble[1] ; il peut aussi se rapprocher plus rapidement qu'à pied des objets qui attirent son attention. En plus, quand on est à cheval — à

1. C'est pour cette raison qu'il est plus agréable d'aller à cheval plutôt qu'à pied quand il s'agit de traverser des champs couverts de hautes cultures que l'on ne peut dominer quand on est à pied. (N.d.A.)

la différence des promenades à pied où l'on ne se sent libre qu'autant qu'on peut avancer —, on n'a pas l'impression d'être entravé par des obstacles, en partie imaginaires, qui gênent le libre mouvement du corps.

Les promenades en voiture ont, par rapport aux promenades à cheval, l'avantage de favoriser la sociabilité. Il est impossible à deux cavaliers de s'entretenir aussi librement et sans contrainte que le font deux personnes voyageant ensemble dans la même chaise et sans le moindre désagrément. De plus, alors que la promenade à cheval nécessite toujours une certaine dépense d'énergie, le léger mouvement passif engendré par la voiture donne à l'esprit plus de liberté et de souffle pour converser, de même que la tranquillité du corps, même soumis à un certain mouvement, fait que l'esprit est plus réceptif aux impressions des choses.

Pour ne pas réduire la promenade en voiture à un mouvement purement mécanique du corps, il suffit que les trajets ne soient pas trop longs et ne se fassent qu'en chaise ouverte. Les habitacles douillets des carrosses ne sont que les instruments du besoin physique de se protéger (et dans ce cas on ne peut parler de promenades à l'air libre) contre la poussière, la pluie et les intempéries et sont une entorse au bon goût dans ce genre de déplacement. Pire que les cages retenant des animaux, qui peuvent encore voir le monde qui leur est interdit, ces étouffe-plaisirs vont jusqu'à priver leurs prisonniers du spectacle du monde.

Même les voitures avec des sièges opposés au sens de la marche ne sont que des instruments du besoin, et malgré toute leur pompe, elles ont quelque chose de misérable et tuent la liberté du plaisir[1]. Pour celui qui se trouve assis là, le mouvement ressemble, tant du point de vue physique qu'intellectuel, à celui du crabe. Indépendamment du fait qu'un bon nombre de personnes sont incapables de supporter ce mouvement, une telle position étouffe toute liberté de sentiment chez les personnes ainsi entassées, sans compter que les gens assis vers l'arrière, et qui sont de toute façon privés de vue directe et libre, empêchent aussi ceux qui sont assis en face de bien voir.

1. Il n'est pas ici question du plaisir et de l'intérêt que l'on prend à être assis en vis-à-vis. (N.d.A.)

Les promenades en bateau sont, par leur nature même, exemptes de ce genre de contraintes. Elles favorisent pleinement la sociabilité. Le doux mouvement des flots portant les embarcations ouvertes d'où l'on a une vue directe et libre sur toute la nature environnante, les rend très agréables. Il faut seulement que la rivière ne soit pas trop large (ou alors il ne faut pas trop s'éloigner des berges — avec l'inconvénient de n'avoir une vue que d'un côté, sur la rive la plus proche) pour pouvoir jouir du spectacle de la nature sur les deux berges à la fois.

11

Observation particulière sur les promenades au milieu de la nature

Tout homme cultivé possédant un sens aigu de la nature et n'ignorant pas tout ce qu'elle apporte à la formation de sa personnalité ne peut manquer de rechercher la noblesse de ses influences. Il n'est pas suffisant de lire beaucoup de descriptions de la nature pour pouvoir profiter de son influence ; les descriptions ne sont pas la chose elle-même, et les connaissances livresques ne sont que des connaissances mortes, comme peuvent l'être les connaissances acquises dans les muséums d'histoire naturelle. Les dessins et les descriptions d'éléments naturels étrangers, que l'on ne peut voir dans la nature, ont certes une valeur qu'il est impossible de nier ; mais qui ne voudrait connaître les objets de la nature que par des reproductions et des descriptions ?

Qui voudrait que la nature entière, dont la puissance et la magie qu'elle exerce sur les cœurs viennent essentiellement de l'impression globale de ses phénomènes, se laisse disséquer en éléments isolés et morts, comme le fait l'histoire naturelle ? Même des peintures de paysages ont un tout autre effet que leurs modèles dans la nature[1].

Mais vivre en se soumettant à l'influence de la nature ne veut pas forcément dire vivre à la campagne. Le paysan vit dans la nature, se déplace toujours au milieu de ses phénomènes, et il est pourtant le dernier à éprouver quelque sentiment pour elle. Sa façon de vivre émousse d'ailleurs ses sentiments ; ainsi, celui qui vivrait toujours à la campagne, sans pour autant embrasser obligatoirement le métier d'intendant, finirait par devenir insensible à la nature. L'habitude enlève l'attrait à toute chose. Seul celui qui vit alternativement à la campagne et en ville conserve le sens de la nature dans son intégrité, sans affaiblir les impressions

1. C'est une grande erreur de ne pas enseigner l'histoire naturelle aux enfants dans et par la nature. Il n'y a pas lieu de s'étonner que les rejetons dépravés de l'histoire naturelle ne marquent aucun intérêt pour la nature. (N.d.A.)

qu'elles produisent ; et il reste quand même en contact avec le monde cultivé, dont le cadre est le seul à pouvoir éveiller un besoin si vif pour la nature.

De la même façon qu'il faut toujours continuer à se cultiver et à lire pour conserver des liens avec la culture et la littérature, de la même façon l'ami de la nature doit toujours continuer à vivre avec elle pour ne pas y devenir un étranger. La nature n'est pas seulement diverse et changeante parce qu'elle apparaît partout différente et modifie ses phénomènes dans un même lieu ; l'esprit humain a lui aussi toujours besoin d'entretenir son sens de la nature pour maintenir vivace l'intérêt qu'il lui porte. Comme l'amitié, le sens de la nature nécessite d'être constamment entretenu par des contacts, faute de quoi le sentiment aussi bien de l'amitié que de la nature finit par s'éteindre complètement, même dans les cœurs les plus sensibles. La nature ressemble à un spectacle composé de plusieurs actes, eux-mêmes divisés en plusieurs scènes. Pourrait-il avoir une impression d'ensemble le spectateur qui n'aurait été présent qu'à quelques scènes et qui, en plus, aurait manqué d'attention parce qu'il aurait passé son temps à bavarder ? Même celui qui, pour être plus proche de la nature, habiterait à la campagne à la belle saison, se procurerait simplement l'occasion, lors de son séjour campagnard, d'entretenir un rapport un peu plus étroit avec la nature. Mais il ne pourrait se contenter de cette simple occasion pour dire qu'il vit sous l'influence de la nature.

De fréquentes promenades au milieu de la nature préservent le sens de la nature et donnent à cette dernière l'occasion d'avoir une influence bienfaisante sur les cœurs. Tout homme qui n'est pas dépourvu de noblesse se sent plus pur et plus humain au sein de la nature. Tout ce qu'il y a de bon dans son être se développe alors. Les impressions que, par commodité, on a gardées pour soi dans le cadre de sa vie citadine et sociale, ou celles dont on n'avait même pas conscience, se réveillent et surprennent par leur vérité et leur pureté originelle, quand on se retrouve au milieu de la nature. La bienveillance, la cordialité, la franchise, s'installent dans le cœur qui s'ouvre à la nature ; le genre humain, qui cesse de s'agiter dans l'arène des grandes passions telles que l'envie, l'avidité, l'égoïsme, apparaît, dans le miroir de la nature, dans une lumière plus pure. Un homme qui n'est pas dégénéré se sentira oppressé dès qu'il sera resté quelque temps sans voir la nature.

En second lieu, de fréquentes promenades en pleine campagne entretiennent la connaissance de la nature. Comme il y a peu de citadins à connaître la nature ! — Ils ne savent jamais quand les arbres sont en fleurs, ils ne voient jamais les semences germer, jamais les fruits mûrs sauf quand ces produits arrivent sur les marchés ; ils n'ont aucune idée de l'époque des moissons. Les charmants phénomènes de la nature se manifestent sans qu'ils en remarquent rien, et ils n'ont jamais vu de leurs propres yeux la réjouissante progression de son grand spectacle d'une scène à l'autre. Combien d'autres joies ils laissent ainsi passer ! Il est inutile de s'appesantir là-dessus. Seul l'ami de la nature, celui qui vit à son rythme et qui la voit de ses propres yeux se former et se transformer, peut prendre part à ses joies.

Enfin, chaque paysage, chaque élément, chaque tableau de la nature a son caractère particulier qui se dévoile par un certain nombre d'impressions propres qu'il fait naître en nous. Certaines scènes de la nature peuvent être d'un très grand intérêt en soi et pourtant ne pas correspondre à l'humeur dans laquelle on se trouve. Si l'on voulait juger ces dernières en se fiant uniquement au hasard de ses humeurs, si l'on voulait procéder sans réfléchir de façon ingénue sur les aspects particuliers de chaque élément de la nature, si l'on voulait se rapprocher de chacun sans tenir compte de sa disposition d'esprit, ou bien si l'on voulait, obéissant à une préférence bien déterminée, éviter totalement les scènes d'un caractère sublime, joyeux ou saisissant, alors le jugement sur ces dernières serait très trompeur ; on ne se comporterait pas de la façon la plus judicieuse qui soit au cours de ses promenades champêtres, par manque de connaissance de soi-même et de la nature ; on orienterait son goût de façon très univoque.

12

Montagnes

Les montagnes et les vallées ne sont pas les moindres parures d'un paysage. La nature n'a pas là cette fatigante monotonie qui transforme un grand trajet à travers un pays plat en une morne somnolence. Au contraire, l'esprit est tendu et revigoré par l'alternance de montagnes et de vallées, et il est ainsi réveillé et animé par l'alternance de différentes impressions.

En soi, les montagnes — ces excroissances boursouflant la surface plane de la terre — ne sont pas une parure du lieu où elles se trouvent. Semblables aux taupinières dans un pré, elles donnent à la terre un aspect repoussant, comme les pustules sur un visage humain. Vues avec une lunette depuis un ballon, elles ne manqueraient pas de faire cette impression repoussante. Sans compter qu'elles sont un obstacle aux communications rendues ainsi difficiles. Mais ce qu'elles perdent sous l'angle de la raison, elles le gagnent sous l'angle de l'esthétique. Leur situation élevée active l'imagination de façon inhabituelle et rend la nature attirante par la diversité et la force des impressions.

Dans la mesure où, selon le plan de la nature, nous peuplons la surface de la terre et non pas les airs comme les oiseaux, nous ne pouvons que nous faire une idée du désordre que les montagnes impriment à la terre ; mais nous ne l'éprouvons pas. Les montagnes ne nous apparaissent que dans la perspective qui nous met face à face avec elles, et seule cette impression naturelle des sens détermine donc le jugement que nous portons sur elles.

De la même façon que les montagnes rendent difficile une communauté de vie entre les villages qui y sont disséminés, de la même façon elles transforment souvent les régions les plus reculées, dans l'imagination de celui qui, du sommet d'une montagne, embrasse du regard une quantité de villages et de villes, en une communauté abstraite et trompeuse. De ce fait, elles font aussi un effet avantageux par le biais de l'imagination. Comme devant l'Etna par exemple, elles permettent à l'imagination de rattacher, par une vérité tangible et une impression directe des sens, des contrées et des pays entiers que séparent d'immenses espaces ; elles élargissent ainsi à l'infini le champ de l'imagination.

Si l'on gravit une montagne au cours d'une promenade pour profiter, une fois en haut, d'une vue élevée, on s'aperçoit que le paysage en bas ressort toujours davantage à mesure que l'on monte. Celui qui monterait sans s'arrêter ni se retourner perdrait l'avantage de ce panorama qui ne cesse de se transformer. Il ne ferait que poursuivre un but qu'il s'est fixé, sans songer qu'il peut déjà goûter à de nombreux plaisirs en chemin. En vérité, une promenade digne de ce nom, qui doit donc se garder de dégénérer en une expédition fatigante ou de se réduire à un simple mouvement du corps, devrait inviter à ces pauses qui transforment alors l'ascension d'une montagne en une véritable promenade, par une marche paisible associée à une occupation de l'esprit. Le spectacle d'un paysage se dévoilant peu à peu est pour l'esprit un plaisir particulier.

Les promenades sur une montagne ou une chaîne de montagnes ne présentant pas de grandes difficultés et dévoilant un large panorama élèvent incomparablement l'esprit. Comment pourrait-il en être autrement lorsqu'on a la fierté de se promener dans les hautes régions de la terre, face au ciel, surtout lorsque le regard plonge sur le monde étendu en bas ? Comment l'imagination, même la plus indolente, ne pourrait-elle pas se sentir saisie par une telle diversité d'objets et de points de vue, que nulle autre promenade ne peut offrir ? Lorsqu'on ne s'attarde pas longtemps au même endroit, on jouit d'une vue toujours différente, d'un plaisir léger qui ne retient pas le jeu des forces de l'âme nécessaires à la promenade, alors que l'observateur immobile se laisse facilement aller à la gravité, aux chimères les plus folles et plonge dans une réflexion qui va au-delà de l'impression des choses.

Tout comme à la montée, le panorama se révèle, à la descente, sous un aspect particulier et toujours changeant. La seule différence c'est qu'à la descente le paysage qui s'offrait tout entier quand on était en haut se retire peu à peu au regard dans la même mesure qu'il se dévoilait à la montée. Seulement, l'impression du paysage se révélant à la montée surprend davantage que ne peut le faire l'impression de dissipation progressive à la descente, lorsque le panorama se resserre de plus en plus et que les objets nous sont déjà connus par la première impression que l'on a eue à la montée. Si l'on voulait se réserver encore la nouveauté des impressions, il faudrait descendre de la montagne par un autre versant que celui par lequel on est monté. Pourtant, descendre de la montagne par le versant par lequel on est monté a aussi son charme, pour vérifier l'impression qu'a pu produire cette montagne sur l'esprit — mais en sens inverse.

Une fois redescendu, lorsqu'on se retrouve au pied de la montagne que l'on vient de gravir et que l'on regarde les objets qui l'entourent, et qui apparaissaient tous de taille réduite depuis son sommet, on s'étonne de voir que tout ce qui semblait jusque-là converger et se rapprocher du sol s'étire soudain et reprend du relief.

13

Vallées

Les vallées font, sur celui qui s'y promène, l'effet absolument inverse de celui des montagnes qui les bordent. Si les montagnes exaltent l'imagination et délivrent du sol qui porte le corps, quand on se promène dans une belle vallée et que l'on se laisse aller à l'impression qu'elle dégage, on se sent au contraire retenu dans le cercle de son existence et l'on savoure avec une tranquille délectation les objets qui nous entourent. Bien sûr, il existe aussi des vallées qui font une impression mélancolique et saisissante ; mais ce sont justement celles où les montagnes environnantes ne sont pas une simple bordure mais pénètrent violemment dans les idées et les sentiments de celui qui s'y promène ; ce sont celles qui, profondément encaissées de chaque côté par des rochers abrupts, empêchent l'âme de se consacrer tout entière aux seuls objets qui se trouvent dans la vallée. Ces vallées sont simplement des vallées d'une nature particulière. On peut les comparer aux hautes montagnes qui les délimitent : l'impression des deux est trop solennelle et trop grande pour que l'on désire en faire le lieu de ses promenades habituelles ; mais on ne dédaignera pas s'en approcher de temps en temps, parce qu'il est parfois nécessaire de se frotter aux impressions effrayantes et grandes de la nature.

Toute dépression, tout fond plat au pied d'une montagne n'est pas une vallée. Une montagne isolée, même si elle s'élève au-dessus de la couche des nuages tel l'Etna, ne transforme pas en vallée le paysage étendu à ses pieds. D'ailleurs, ce genre de paysage plat ne procure pas cette impression que l'on éprouve dans une vallée, où l'on ne ressent pas cette violente excitation de l'attention dirigée sur un objet isolé et frappant. L'impression faite par une douce vallée donne au contraire le sentiment tranquille d'être protégé du reste du monde, dans un asile préparé par la nature elle-même, comme à l'abri derrière des remparts naturels.

Les montagnes qui courent de part et d'autre d'une vallée et qui l'encadrent adoucissent l'impression qu'elle peut faire, pour autant que celle-ci, comme la plupart des vallées, ne s'étire pas en ligne droite ; c'est une succession de tours et de détours, de rétrécissements et d'élargissements. C'est la nature elle-même qui a ainsi veillé au mieux à la diversité et au plaisir. Mais il ne faut pas que les montagnes qui entourent une vallée de dimension moyenne soient trop hautes, et il ne faut pas que la vallée soit trop étroite, pour faire cette impression douce et revigorante que l'on souhaite pour ses promenades habituelles.

Même dans une vallée très large, les hautes montagnes qui la bordent — l'un ne va pas sans l'autre — provoquent une impression d'élévation, de grandeur, d'immensité, où l'on se perd soi-même[1]. Dans une vallée aussi grande, qui semble davantage faite pour le séjour habituel d'un génie élevé, on ne peut pas se sentir aussi à l'aise, aussi bien que dans une vallée de dimension moyenne. Dans cette dernière,

1. Telle est la région autour de Dresde, avec sa nature puissante. (N.d.A.)

on se sent comme chez soi ; et cette impression d'être chez soi donne au cœur toute la liberté d'accueillir, l'esprit tranquille et serein, la richesse des objets de la nature dont elle est parée.

Certes, dans une vallée trop étroite, les regards ne vagabondent pas jusqu'à l'infini comme dans une vallée très large ! Ils sont maintenus dans un espace restreint ; mais on s'y sent par contre trop confiné. Si, en plus, elle est entourée de grandes falaises abruptes, ces dernières détruisent encore davantage l'agrément de la promenade, qui promettait de nous réjouir et de nous distraire. Mais, pendant les quelques heures où l'on est capable de telles impressions, on ressent un effroi respectueux.

Une chose particulièrement agréable et réjouissante, c'est l'impression faite par une vallée bordée d'un côté par une montagne qui ne s'élève pas d'un seul bloc mais progressivement et avec douceur[1]. Cette douceur du relief l'ouvre pour ainsi dire au reste du monde dont une vallée semble sinon séparée, et adoucit l'impression de montagne qui la borde donc de ce

1. C'est le cas de la région de Naumburg an der Saale. (N.d.A.)

côté, tandis que la chaîne montagneuse qui s'étire en face provoque une impression plus forte.

Une rivière traversant une vallée donne à celle-ci beaucoup de charme. Si son courant n'est pas trop indolent, elle fait une impression très agréable sur notre cœur qui ne s'accommode guère d'un calme de mort. Mais cette impression ne peut être ressentie que si l'on se promène à proximité. Une promenade sur les berges de grands fleuves ferait pourtant disparaître cette impression, à cause des énormes masses d'eau, toujours oppressantes pour l'âme, qui entravent ainsi la liberté du cœur. Vues d'une hauteur proche, les eaux argentées dont on aperçoit l'éclat dans le lit de la rivière embellissent considérablement une vallée par le contraste très agréable avec le vert de la vallée. Le charme est d'autant plus fort si les rivières font des méandres et si les montagnes qu'elles traversent ne s'étirent pas de façon trop rectiligne.

Il n'est pas nécessaire d'être un grand connaisseur de la nature pour se promener dans une vallée agréable sans ressentir le moindre ennui. On a d'autant moins besoin de l'être qu'on a justement besoin de l'être pour ressentir les impressions faites par un paysage de montagne ; je dis ressentir et non pas développer ! Pour être capable de se sentir diverti au contact de la nature, il n'est pas nécessaire de savoir déchiffrer ses beautés cachées, que seul le penseur expérimenté découvre. La richesse et la diversité des objets qui s'offrent d'eux-mêmes aux regards de l'ami de la nature sont une matière suffisante pour l'occupation des sens, de l'imagination et du cœur ; ils ne font pas que les solliciter ; ils les maintiennent dans un état plaisant par la douceur et l'agrément d'impressions ne demandant pas à l'âme un trop grand effort et ne contrecarrant pas la libre disposition d'esprit, qui ne peut prendre part aux objets de la nature que dans la mesure où il s'y livre de son plein gré.

L'une des choses les plus agréables qui soit est de pouvoir se promener dans une région qui permet de passer de vallées en montagnes et de montagnes en vallées. La diversité et l'alternance des impressions y gagnent beaucoup, et, partant, le plaisir de la promenade aussi. De telles promenades ne sont pourtant pas possibles sans quelques désagréments, lorsque les montagnes sont trop hautes et trop abruptes. Même une vallée traversée par un fleuve ne peut être parcourue aisément dans toutes les directions.

De belles vallées ont participé à la gloire de l'Antiquité et des temps modernes. Qui n'a en mémoire la vallée de Tempé en Thessalie et les célèbres vallées d'Italie ? La vallée de Campanie a même inscrit son nom dans la littérature.

14

Champ, prairie et forêt

Il est presque impossible de faire un pas dans la nature sans se retrouver au milieu de champs, de prairies ou de forêts. On rencontre ces paysages dans des régions où il n'y a ni montagnes ni vallées, même si ce n'est pas de façon simultanée, tandis qu'ils donnent aux montagnes et aux vallées leur caractère propre. Tantôt on se trouve au milieu d'eux, tantôt on ne voit que de loin ce type de paysage. Chaque fois, ils font une impression différente.

Les champs sont intéressants à plus d'un point de vue. Ils sont d'abord intéressants par l'impression immédiatement favorable qui émane de leurs objets. C'est surtout le cas au printemps et en automne, lorsque le regard se pose avec plaisir sur les verts semis qui les couvrent. Dans les deux cas, le spectacle est nouveau et d'autant plus plaisant. Les champs emblavés sont les premiers à verdir au printemps, et ils reverdissent encore lorsque le reste de la végétation a depuis longtemps perdu sa belle couleur verte.

Les prairies et les cultures ne se distinguent pas assez au printemps et en automne pour éveiller dans le cœur du promeneur l'impression la plus favorable possible. Au printemps, elles ne contrastent pas assez et ont un aspect par trop uniforme ; alors qu'en automne, lorsque les champs reverdissent, les prairies ont déjà joué tout leur rôle sur la grande scène de la nature[1]. En été, lorsque les blés jaunes mûrissent, les prairies et les champs bord à bord se complètent de meilleure façon.

Sans considérer les prairies et les forêts qui l'entourent, le champ à lui seul peut déjà offrir toute une palette d'impressions. C'est le cas lorsque les céréales d'hiver sont arrivées à maturité, entre le vert des céréales d'été, les cultures domestiques, etc. Même un champ fraîchement labouré, dont la terre brune ressort entre des semences verdoyantes — surtout s'il est situé à quel-

1. Je ne parle bien sûr que du climat allemand. (N.d.A.)

que distance ou mieux encore sur une hauteur —, offre dans cette perspective un spectacle plus agréable qu'une étendue de verdure uniforme. Plus les cultures sont différentes dans leurs aspects, sans pour autant tomber dans des couleurs trop criardes, plus il est plaisant de se promener dans une campagne portant des cultures.

Chaque fois que les champs et les forêts se touchent, sans pour autant que la campagne soit totalement entourée de forêts comme c'est le cas dans les régions boisées, le cœur est marqué de façon singulière par cette double impression. D'un côté, le paysage ouvert remplit le cœur d'idées riantes, tandis que d'un autre côté, comme en arrière-plan, la vue de la forêt annonce une nature plus austère et plus impénétrable. Les deux impressions se mêlent, mais de telle façon que la tonalité plus claire du paysage ouvert où l'on se promène prend le pas, dans les impressions de l'âme, sur celle plus profonde de la forêt plus éloignée. Dans une région boisée, la situation est inversée ; c'est pourquoi ceux qui vivent là ont, par la tonalité même de la nature qui les entoure, une plus grande propension à la mélancolie.

Une prairie en lisière de forêt est comme un tapis vert qui aurait été déroulé pour les dieux de la forêt, comme si c'était le vestibule de leur séjour boisé. Il fait bon avancer sur le sol moelleux des prairies, dont la verdure enchante le regard. Quand on se promène en plaine, sur une prairie, on peut laisser vagabonder ses pensées ou s'adonner aux plaisirs de la conversation, sans pour autant perdre les impressions de la nature[1], dans la mesure où, bien sûr, elle ne donne pas à l'esprit suffisamment de matière à entretien.

Une impression de nature romantique est donnée par une prairie, qu'elle soit située dans une forêt ou sur une montagne dont le sommet est coiffé par une forêt qui l'entoure. Seulement, ce genre de prairie située à flanc de montagne fait une impression plus riante de loin que lorsque qu'on s'y promène. Une prairie autour d'une montagne, ponctuée de champs labourés, semble faire une ceinture à cette

1. Il est bien plus avantageux de s'adonner à la conversation durant des promenades au milieu de la nature plutôt que de lire un livre. Quand on lit en marchant, non seulement on perd les impressions de la nature, mais on transforme la promenade en une véritable entreprise et même, par le double mouvement du corps et de l'esprit, en une entreprise pénible. (N.d.A.)

dernière. L'alternance de champs verts et de prairies sur le flanc d'une montagne n'est pas sans rappeler de loin le damier d'un jeu d'échecs.

Certaines forêts font aussi une impression romantique. L'idée de forêt romantique contient en germe la notion de bois sacré. L'idée de bois sacré n'est pas venue par hasard aux Anciens ; elle a surgi des impressions véritables procurées par la nature. De simples petits buissons, de simples broussailles, des saules, etc., n'évoquent pas du tout l'idée de bois sacré, comme peut le faire une vénérable forêt de chênes, croisée avec d'autres feuillus élancés et impressionnants, et qui rappelle l'obscurité sacrée, la solennité sublime et la solitude profonde. Si en plus, en cours de promenade, on tombe à l'improviste sur une œuvre d'art évocatrice, une statue représentant quelque être supérieur, alors l'impression de bois sacré, sanctuaire d'êtres supérieurs, trouve son accomplissement pour l'imagination.

D'une façon générale — et même si l'on ne souhaite pas retrouver tout ce que peut avoir d'abstrait l'atmosphère sublime d'un bois sacré —, c'est la forêt de grands chênes bien feuillus qui se prête le mieux à la promenade. On y trouve une fraîcheur agréable sans laquelle, aux jours les plus chauds de l'été, la promenade cesse d'être vraiment une partie de plaisir. Les frondaisons et les ramures des grands chênes qui accueillent parmi eux toutes sortes d'autres essences inférieures, donnent à la forêt ce qui manque justement à un paysage découvert, blanchi par les rayons puissants du soleil : l'alternance la plus riche d'ombres et de lumières.

On ne trouve aucun de ces deux avantages dans une promenade sur le flanc d'une montagne couverte d'une maigre forêt. Les quelques arbres plus ou moins grands qu'on y trouve, mais qui n'ont pas de ramures généreuses, sont loin de suffire à faire une voûte épaisse au-dessus de la tête du promeneur qui, en plus, a du mal à se frayer un passage au milieu de toute cette végétation. Pourtant, les promenades dans de tels endroits ont aussi leur charme. Si l'on fait abstraction de la difficulté qu'il y a à progresser sur un sol inégal et encombré, ce genre de forêts procure, lorsque le temps est frais ou triste, période qui rendrait les promenades dans une épaisse forêt de chênes par trop mélancoliques, ou bien encore le soir et le matin, un plaisir singulier par la petitesse charmante des objets environnants et par le large panorama lumineux donnant sur la campagne ouverte.

Une simple forêt de sapins située dans un endroit pas trop escarpé est un lieu très agréable pour se promener et ne manque pas de charme. On n'a pas besoin de s'y frayer péniblement un passage et il n'est pas déplaisant d'entendre le murmure de la brise au sommet des sapins. Mais, même s'il est commode d'y avancer, on n'y est pas assez protégé du soleil et, à la longue, une forêt de sapins fait une impression par trop austère et sévère. Par contre, une forêt de sapins aperçue de loin sur une montagne, comme en arrière-plan, n'est pas sans évoquer l'impression agréable bien qu'abstraite d'un bois sacré.

Pour retirer tous les plaisirs possibles de promenades dans une forêt, tout comme sur une prairie et dans un champ, il est nécessaire d'avoir des connaissances en botanique. Seulement, il ne faut pas pratiquer la botanique avec une visée précise, comme une tâche fastidieuse. Les promenades botaniques doivent être des flâneries au sens le plus exact du terme, à la manière de Rousseau. Il ne faut pas partir du principe qu'on va trouver telle ou telle sorte d'herbes ou de plantes durant ses promenades et n'avoir l'esprit occupé que par ça ; ce serait en contradiction avec la liberté d'esprit propre à la promenade. On ne serait plus capable d'attention pour la nature environnante. Mais cela mis à part : quelles sources de distraction et de plaisirs procure une connaissance un peu approfondie des produits que la nature étale à nos pieds par milliers quand on se promène ! Celui qui n'a pas ces connaissances se voit privé de tout un monde de plaisirs qui lui reste inconnu.

Encore quelques mots sur l'impression générale faite par les champs, les prairies et les forêts. La vue d'un champ donne une idée du labeur humain et des espoirs qui y sont mis pour un avenir plus ou moins proche. La vue d'une prairie, par sa douce monotonie, procure un sentiment de calme équanimité et de paix tranquille. Quant à la forêt, on dirait qu'elle est faite pour nous accueillir dans son ombre sacrée afin que nous puissions être tout à nous-mêmes et à la nature.

15

Phénomènes[1] de la nature. Les saisons et les jours

L'ami de la nature ne peut se contenter des produits immuables de la nature ; si ses connaissances et son intérêt pour la nature n'allaient pas au-delà, il ne serait pas digne de ce nom. Les produits immuables de la nature ne sont, comme les arbres en hiver, que les piliers, le squelette de la nature ; s'il ne venait s'y ajouter ses phénomènes changeants pour lui donner du charme et de la vie, elle ne serait qu'une momie inerte. Certes, aucune description ne peut livrer de façon immédiate le caractère particulier de ces phénomènes naturels ; on ne peut les mettre en évidence

1. « Phénomènes » n'est pas pris ici dans le sens de la philosophie pure comme objets de l'expérience, de la connaissance humaine d'une façon générale, mais dans le sens de la physique, s'opposant ainsi aux produits solides et immuables de la nature considérés simplement comme des masses. (N.d.A.)

que par quelques exemples tirés des manifestations de la nature et par le développement de quelques impressions, pour guider la réflexion personnelle au sein de la nature.

D'une façon générale, il existe deux sortes de phénomènes naturels. Ceux qui reviennent quotidiennement et ceux qui reviennent annuellement, à certaines périodes de l'année. Les premiers sont les parures et les sources intellectuelles vitales d'une journée ; les seconds embellissent les saisons et scandent la grande avancée de la nature.

Les phénomènes de la journée marquent le grand espace de lumière et de vie de la nature. Le lever et le coucher du soleil sont les points extrêmes d'un double retournement, véritables catastrophes du jour. Le matin et le soir sortent la nature de l'obscurité, la faisant passer d'un calme de mort et d'une grande solitude au plein jour, à la vie animée, à l'activité générale, avant de l'y reconduire. Parfois, la lune, lorsqu'elle se lève juste après le coucher du soleil, semble inviter le monde qui vient de s'assoupir à prolonger le spectacle de la lumière et de la vie.

C'est sans conteste l'un des plaisirs les plus nobles qui soit de porter attention aux différentes scènes de la nature, lorsque celle-ci passe ou vient juste de passer d'un état à l'autre. Quelle diversité on trouve dans un même lieu et une même journée, ne serait-ce qu'en observant la lumière et les ombres ! Des paysages qui, le matin, étaient encore complètement dans l'ombre se retrouvent totalement baignés par le soleil l'après-midi, tandis que ceux qu'éclairait déjà la lumière du jour et du soleil n'ont jamais cette même luminosité à chaque heure de la journée. Les grandes ombres projetées le matin et le soir par les montagnes et les arbres disparaissent presque complètement à midi, quand le soleil d'été est au zénith. Et les nuages ! Quelle diversité de lumière, quelle variété dans leur allure lente ou rapide, quelles différences dans leurs formes et leur densité, depuis le petit nuage clair et cotonneux qui badine dans le ciel jusqu'aux lourds nuages d'orage chargés de feu, où se mélangent le gris et le bleu profond. Et quels ne sont pas les charmes de certaines journées maussades, lorsque la nature est imprégnée d'un parfum de magie et baigne dans une obscurité sacrée !

Seul l'ami de la nature, qui s'est promené aux différentes heures du jour et l'a découverte sous ses différents aspects, a pu acquérir une connaissance familière de son spectacle quotidien. Il la connaît pour l'avoir vue, il a observé durant ses promenades matinales, qui ne se sont pas limitées à un seul lieu, la puissance de son réveil, lorsque commence le concert des oiseaux et que perle la rosée. Il n'a pas manqué de ressentir le plaisir qu'il y a à se promener en plein nature, lorsque arrive le crépuscule, le plaisir d'écouter tout le bruissement du monde vivant qui se manifeste à cette heure sur les chemins et les routes, tandis que retentissent les cloches. Même les promenades après le coucher du soleil, dans la tiédeur de la nuit, sur une montagne proche par exemple, lui ont montré la nature dans des situations particulières : par exemple lorsque la lune, qui se lève dans le ciel tout entier pris par la nuit, éclaire les hautes régions de l'air, tandis que les montagnes sont encore enveloppées d'obscurité ; lorsque les reliefs ressortent par degré dans une lumière crépusculaire, alors que les régions les plus basses restent complètement obscures, et lorsque, enfin, une harmonie s'établit.

Cependant, chaque saison apporte aussi des changements à l'intérieur du jour. Une journée de printemps est différente d'une journée d'automne, et une journée d'été encore différente des deux autres, de la même façon qu'aucune journée ne ressemble à une autre à l'intérieur des quatre saisons ; et, pourtant, elles restent identiques quant à leur apparence générale.

Il ne fait aucun doute que c'est au printemps que revient la première place dans le cycle des phénomènes naturels. Bien sûr, chaque saison a ses charmes, et c'est sans conteste au charme de la nouveauté que le printemps doit en partie cette impression si universellement plaisante. Mais qui oserait ramener tout son agrément au seul charme de la nouveauté ? Le premier chant de l'alouette dans la rigueur de février, la vue des premières fleurs printanières qui, dans les sous-bois, pointent déjà sous la neige, le souffle d'un doux zéphyr sur la nature encore à peine éveillée et animée, tout cela réjouit davantage par l'espoir qu'apporte ainsi le printemps que par les impressions immédiates que ces phénomènes provoquent. Même le printemps une fois installé, et qui réjouit tout de son souffle universellement vivifiant, s'impose davantage à nos impressions par le fait qu'il est immédiatement précédé par l'hiver morne et sans joie. C'est cela seul qui fait le charme de la nouveauté ; et même notre plus grande réceptivité aux charmes du printemps après la période de l'hiver, tout comme l'impression de mieux profiter de la santé après une maladie, ne donne au printemps aucun charme qu'il n'aurait pas lui-même et ne fait qu'éloigner l'influence atrophiante de l'habitude qui pourrait empêcher d'en ressentir pleinement le bénéfice.

16

Phénomènes de la nature. Les saisons et les jours

En raison même de son caractère, le printemps révèle l'effort que fait la nature, au sortir de son sommeil, pour répondre aux finalités de la vie. Tout prend part à ce jaillissement. Au printemps, même l'homme semble revivre avec la nature ; et de la même façon que les arbres arborent leur verdure la plus claire, la plus vivante et la plus fraîche qui soit[1], l'homme prend alors aussi conscience de tout le caractère sensible de son être. C'est cette double raison — parce que la nature apparaît dans toute sa splendeur et que l'homme lui-même se sent rattaché à elle par une ardeur redoublée — qui fait que les pro-

1. Dans ces radieuses journées où l'air est totalement pur et sans la moindre vapeur, le vert des arbres est plus vert, plus vivant que d'habitude. Ils semblent alors resplendir dans un élément plus éthéré. (N.d.A.)

menades au printemps ont un charme si grand. L'arrivée des oiseaux, la floraison des arbres, les fleurs et les herbes qui émaillent les prairies et les montagnes, le chant mélodieux du rossignol, le vol joyeux des hirondelles au-dessus de la campagne verte, les oiseaux qui couvent, le vol incessant des coccinelles, le parfum de la forêt rajeunie : tout, dans cette période d'essor, célèbre la jeunesse et la gaieté de l'année ; et le promeneur qui ne se dérobe pas aux influences de la nature, qui n'a pas seulement en tête d'observer la nature, qui s'abandonne en toute innocence aux seules impressions qu'elle procure sans se concentrer sur une occupation précise, en retire les impressions les plus harmonieuses.

Comme c'est le cas pour beaucoup d'individus, il faut bien reconnaître que le caractère de l'été est de n'en avoir aucun en propre. Non pas qu'il soit dépourvu de tout phénomène naturel particulier, ne serait-ce que les phénomènes imposés à la nature par l'activité des hommes, comme faucher ou moissonner. D'ailleurs, l'été ne manque pas de phénomènes particuliers qui valent par eux-mêmes ; la chaleur des matinées et des soirées, la diversité des fleurs dans les champs, les prairies et les jardins, les fruits et les cultures arrivant à maturité, et cette avancée continuelle de la nature qui se révèle par le vert plus foncé des arbres, par la couleur toujours plus claire du blé qui mûrit, tout cela lui assure un caractère bien différent de celui du printemps. Cette différence n'a pu passer inaperçue aux yeux de l'ami de la nature, qui a fait attention à tous ses aspects durant ses promenades. Klopstock chante :

Seul l'éveil de mai
Est plus beau encore que la nuit d'été,
Quand la rosée, telle une lumière, perle à ses boucles
Et qu'il vient rougeoyer au-dessus de la colline[1].

Quoi qu'il en soit, celui qui aime se promener souvent au milieu de la nature et qui la connaît ne verra rien à redire à ce qu'on lui dénie tout caractère particulier. Lui qui se promène dans la nature, les

1. Deuxième strophe du poème de Klopstock (1724-1803) : *Les Tombes précoces* (*Die frühen Gräber*). Schelle reproduit (sans doute de mémoire) le poème ainsi :

Des Mays Erwachen ist nur / Schöner noch als die Sommernacht, /
alors qu'on trouve dans la version attestée de Klopstock :

Des Mays Erwachen ist nur / Schöner noch, wie die Sommernacht, /
ce qui signifie :

Le réveil de mai n'en est / que plus beau encore, tout comme la nuit d'été... (N.d.T.)

sens en éveil, sait trop bien que l'été ne fait que continuer le printemps, modifier, parachever, mûrir ce que le printemps a appelé à la vie. La floraison du tilleul, du lilas, du chèvrefeuille, de la rose, de la giroflée, de l'œillet fait de lui un fruit tardif du printemps ; avec cette seule différence que le chant plus rare et moins intéressant des oiseaux ne répand plus dans toute la nature cette vivacité qui est celle du printemps, tout comme la couleur plus claire des blés qui jaunissent a quelque chose de plus grave, qui fait oublier le caractère vivace du printemps. L'absence de caractère particulier à l'été se révèle dans l'impossibilité qu'il y a d'en tirer une image allégorique de la nature. Dire : il porte la nature au zénith de la vie — ce qui d'ailleurs ne vaut pas pour tous les objets de la nature animée — est loin de donner une image à caractère allégorique.

Il est par contre aisé de s'en faire une de l'automne. Tout comme le printemps semble conduire naturellement l'imagination vers l'idée de résurrection[1], l'automne

1. Cela confirme que les impressions du printemps s'adressent davantage aux sens, alors que celles de l'automne sont plus abstraites. Il est vrai que le printemps éveille l'idée de renouvellement vital, de résurrection ; mais ce n'est pas une évocation malgré soi,

éveille presque malgré soi l'idée de mort et de fuite du temps. La décoloration, la mort et la chute des feuilles sur les arbres, ainsi que leur pourrissement, le froid des matins et des soirs, les jours souvent moroses, tout annonce le sommeil de mort de la nature. Il n'est pas besoin d'aller chercher très loin pour se convaincre que le vif intérêt que nous prenons aux scènes automnales de la nature relève plus de l'intellect que des sens, qu'il vient davantage des idées de la raison qui les relie aux impressions de la nature que de ce que l'on voit dans la réalité. La nature n'a pas là les charmes du printemps, qui émeut davantage par les impressions des choses qui réjouissent les sens, même si, là aussi, l'esprit renforce l'effet de la nature par ses idées.

Pourrait-on vraiment qualifier d'ami de la nature accueillant en lui son image avec tout son cœur et sa raison l'homme qui n'aurait pas appris à connaître la nature toujours changeante dans la diversité de

---

comme l'automne éveillant l'idée de mort et de fuite du temps. Il entretient davantage les sens par ses impressions directes. Seul l'esprit plus abstrait s'élève au-dessus d'elles dans une sphère plus idéale. (N.d.A.)

ses situations, si des aspects importants lui en étaient restés étrangers, s'il était resté hermétique aux impressions faites par les différentes saisons, simplement parce qu'il n'aurait jamais vraiment pris conscience de lui-même pour s'abandonner à la nature avec toute l'ingénuité de son âme ? Qui d'autre pourrait suppléer à ce manque ? Même pas Thomson ! La nature serait restée sans effet sur son âme et il voudrait en éprouver les influences bienfaisantes ! ? Des individus aussi dégénérés ne ressentent même pas ce qu'ils perdent là. Peut-être même seront-ils assez petits pour se mettre à rire de quelqu'un qui est par exemple capable de distinguer les oiseaux rien qu'à leurs chants et de s'intéresser aux oiseaux migrateurs dont le vol quadrille le ciel en automne. Mais ils n'auraient fait que singer leur propre infirmité. Ils seraient certainement incapables de prendre un intérêt pur aux parfums qui émanent de la nature après une chaude pluie d'orage, alors que l'ami de la nature apprécie encore les promenades en hiver et s'intéresse toujours à la nature.

17

La nature à la mesure de nos sensations. Caractéristiques de quelques parties et objets de la nature ; mouvement et repos dans la nature

Pour le promeneur, être attentif à ses propres sentiments en vue de retirer tout le bénéfice d'un commerce avec la nature est aussi important que de marcher dans la nature, les sens en éveil. Cette dernière qualité l'aide à une meilleure connaissance de la nature, et cette connaissance ne peut être que la conséquence d'un vif intérêt porté à celle-ci ; mais, pour parler à ses sentiments, à son cœur, il faut aussi que les objets de la nature soient en harmonie avec sa sensibilité, avec la nature de ses impressions. Il ne fait aucun doute que la nature entretient les rapports les plus divers avec nos sentiments, qu'elle est en mesure de toucher toutes les nuances de nos sensations. Pour que la nature puisse accorder nos sentiments de la façon la plus harmonieuse qui soit, pour qu'elle puisse parler à notre cœur, il faut d'abord connaître ces sentiments mêmes, ainsi que chaque partie, chaque objet particulier de la nature.

Celui qui sait que l'habitude finit par rendre insipide même ce qu'il y a de plus beau cherchera autant que possible à apporter de la diversité dans ses promenades, favorisant ainsi la richesse de sa relation avec la nature. Celui qui sait que l'on doit parfois aborder la nature de façon intellectuelle pour être capable d'en jouir, que d'autres fois elle ne communique sa douce légèreté et sa liberté qu'à l'observateur qui sait avoir l'ingénuité de l'esprit d'enfance ; que d'autres fois encore elle refuse au contraire de dévoiler son caractère joyeux ou mélancolique à l'individu qui pense de façon basse et superficielle ; qu'une région austère plonge celui qui a une propension à la mélancolie dans une mélancolie plus profonde encore — celui-ci qui sait tout cela n'aura pas de peine à connaître les conditions qu'il peut considérer comme favorables pour jouir des différentes beautés de la nature.

Il en est de même si l'on considère certains objets de la nature pris en particulier. Eux aussi exigent que l'on sache faire parler la nature pour qu'elle nous parle vraiment. Celui qui ne sait pas développer pour soi l'impression faite par certains arbres comme par certaines parties de la nature, qui ne sait pas y diriger son attention, restera aveugle à ses beautés et il n'en jouira qu'à moitié. Le bouleau élancé et joyeux, le tremble frémissant prennent, par l'impression qu'ils font sur les sentiments humains, un certain caractère, qui fait qu'ils entretiennent une certaine relation et une certaine parenté avec certaines qualités humaines. Développer et accueillir avec toute la clarté de la conscience de telles impressions par lesquelles la nature, que nous mettons toujours en relation avec l'humanité, même si nous n'en avons pas toujours conscience, pénétre dans la sphère de l'humanité, augmentent et diversifient le plaisir que l'on prend à la nature.

Même certaines associations d'idées venues par hasard, que l'impression faite par certains objets de la nature ne provoque pas nécessairement (comme de voir par exemple dans le tremble qui frémit le symbole de la délicatesse de l'âme), et qui sont davantage déterminées par l'impression individuelle et l'esprit alerte du promeneur, peuvent être mises au compte de la nature, dans certaines de ses parties ou de ses objets particuliers ; et ce plaisir aussi s'intègre dans le cadre de la conversation avec la nature. C'est surtout au cours de promenades avec d'autres, au milieu de la nature, que de telles considérations avisées sur la nature seraient à leur place. Elles réjouiraient les participants par le caractère particulier, fin et riche, qu'entraînent de telles considérations. Mais il ne faut pas que ces relations s'éloignent trop de l'impression faite par les objets si elles veulent rester naturelles et ne pas dégénérer en une manie ; sinon, la nature serait, au mépris de sa dignité, l'objet d'une répugnante recherche de bons mots.

Jamais la nature en tant que nature ne peut être l'objet de plaisanteries et de satires[1]. La plaisanterie est toujours une façon de se moquer, même si c'est de façon cachée ; et seul un plaisantin de piètre envergure peut avoir l'idée de se moquer de la nature. Ce genre de plaisan-

1. Seul l'être humain, en tant qu'être libre, peut être objet du ridicule ; pas la nature dans sa sévère nécessité. (N.d.A.)

terie n'a aucun sens. Ce n'est que lorsque la nature pénètre le domaine de l'humain qu'elle peut supporter une certaine forme de plaisanterie. C'est ainsi qu'on peut rire des grimaces et des mimiques d'un singe qui semble investir le domaine de l'humain. La plaisanterie sur la nature inanimée ne serait pas à bannir non plus, si elle ne visait pas directement la nature mais indirectement le genre humain. Ce serait le cas lorsqu'on rirait d'arbres taillés où l'on pourrait voir l'image d'une humanité contrainte par l'éducation et les institutions. Les personnes ayant naturellement une justesse de sentiment sauront facilement éviter ces erreurs, sans même se contraindre à faire une différence nette entre la nature et le genre humain, pourvu qu'ils restent fidèles à leurs sentiments.

Le calme et le mouvement dans la nature peuvent être également bienvenus pour le promeneur, suivant l'état de son âme. Le changement est déjà en soi une chose plaisante. Après une longue période de calme, on aime bien voir une tempête, tout comme on apprécie une journée maussade après une longue période de beau temps. La tempête apporte de la vie dans la nature, et une vie en mouvement s'accorde à nos sensations. Se promener quand il y a du vent, qu'il soit fort ou faible, nous permet de ressentir le charme d'une vie ainsi agitée, que les forces violentes de la nature répandent sur elle ; et il ne faut pas manquer l'occasion de faire ce genre de promenades dans différents lieux, sur une montagne et dans une vallée, en pleine campagne et dans une forêt quand on peut s'y promener sans danger, pour en retirer les impressions vivifiantes qu'elles procurent. Qu'il est agréable de voir le blé onduler dans le vent ! Quel spectacle pittoresque de voir la cime des arbres plier sous la tempête ! Même lorsque la nature est calme, on peut avoir cette impression de vie en mouvement lorsqu'on se promène parmi de hauts peupliers, dont les feuilles frémissent dans la brise.

Si la tempête dure trop longtemps, elle devient pénible pour le promeneur ; car il faut bien reconnaître que c'est une violence exercée sur la nature et sur nos impressions. Aucun objet de la nature animée ne peut alors apparaître de façon calme et faire son impression naturelle. Ce qui est donc particulièrement agréable, c'est la tempête précédant un orage, parce qu'en général une violence aussi inhabituelle suit un calme de mort dans la nature qui revient aussitôt après l'orage à son précédent état de calme[1]. Après les fortes et bruyantes impressions dans le domaine des affaires et de la vie, après une forte émotion tout comme après une grave maladie où le corps encore affaibli ne supporte pas un fort ébranlement, le calme dans la nature est l'état le plus approprié aux sentiments de l'individu.

Il n'est pas seulement possible de faire un rapprochement entre la nature et ses sentiments en choisissant les parties de celle-ci en fonction de ses sensations ; on peut aussi forcer ses sensations pour les mettre au diapason avec elle. C'est ce qui se produit par exemple par l'intermédiaire du corps dans la baignade. C'est après la baignade qu'on se sent le mieux disposé : toutes les choses apparaissent alors au promeneur dans une lumière plus pure, sous un aspect plus frais. Une baignade, qui fait oublier aux hommes leurs soucis et leur travail et leur fait profiter de la

1. D'une façon générale, les orages sont un spectacle très intéressant, surtout si l'on peut surplomber le paysage et embrasser un vaste horizon. Ils ne font cette impression totale qu'au milieu d'une nature dégagée. C'est un plaisir sublime de se promener dans des montagnes ou sur des hauteurs proches du lieu où l'on habite, lorsque l'orage arrive ou qu'il se dissipe dans les lointains. (N.d.A.)

nature par un bien-être accru du corps, ne peut que rendre les promenades plus intéressantes encore. Quelles impressions font alors les objets sur l'âme du promeneur qui, séduit par leur beauté et leur caractère sublime, oublie tout ! Tel doit être le spectacle du coucher du soleil dans la région de Doberan[1], s'il correspond à la description qu'en a faite un auteur anonyme :

« Quand le temps est radieux, le coucher du soleil est ici un spectacle splendide et sublime ; tout l'océan s'embrase en direction de l'ouest, et ses couleurs se mêlent de façon si douce et insensible à celles de l'horizon également coloré, que l'œil n'est plus capable de faire le départ entre les deux. Si l'on aperçoit quelques bateaux au loin, on a alors l'impression étrange, comme dans un mirage, qu'ils voguent dans l'air.[2] »

1. Ville proche de Rostock. (N.d.T.)

2. *Journal du luxe et des modes* (*Journal des Luxus und der Moden*). Janvier 1801, p. 18. (N.d.A.)

18

Considérations diverses sur les conditions physiques de la promenade

Le mouvement physique du corps est assurément loin d'être tout ce qui fait la promenade. Le mouvement du corps — quel que soit l'effet bénéfique de la promenade pour la santé — n'est pas un véritable élément constitutif de la promenade. Ce qui détermine véritablement la promenade est de nature intellectuelle ; même si de nombreux promeneurs, dont l'esprit est trop vide ou trop indolent pour jouer un rôle dans ces moments-là, ne sont souvent que des machines en mouvement. Mais, si le mouvement du corps n'est pas encore assimilable à la promenade elle-même, il en est pourtant une condition nécessaire, même s'il est passif comme c'est le cas dans les promenades en voiture. Un mouvement du corps adapté ou inadapté peut favoriser ou au contraire entraver et rendre vaine la finalité (intellectuelle) de la promenade ; et il n'est donc certainement pas déplacé de dire quelques mots sur les conditions physiques les plus favorables à la promenade.

Les malades ne peuvent pas véritablement se promener, cela va de soi. Leurs promenades ne sont que des tentatives pour faire sentir à l'âme les charmes d'une promenade ou d'une nature libre, afin d'aider aussi le corps par l'esprit. Si, au cours d'une promenade, les sensations physiques s'imposent de façon trop insistante, l'esprit ne dispose plus de cette liberté intérieure nécessaire à la promenade. Si le moindre mouvement suffit déjà à engendrer une sensation de faiblesse, l'esprit se trouve alors dans une trop grande dépendance du corps pour pouvoir suivre ses propres visées en toute liberté.

Cette sensation de faiblesse qui, chez un malade, est la conséquence d'une santé compromise peut aussi se manifester chez l'homme sain qui se promène, par suite d'un mouvement du corps inadapté ; et la finalité de la promenade ne peut alors manquer d'en être affectée de la même façon. Chaque individu n'a qu'une réserve limitée de forces physiques, qui peut bien sûr varier d'un individu à l'autre. Une femme délicate est déjà fatiguée par une promenade de durée moyenne, que l'homme, plus fort, pourrait refaire sans difficulté. Les individus qui sont toujours assis et ne peuvent entraîner leur corps ne tardent pas à être fatigués par une promenade. Dès qu'il en est ainsi, les sensations du corps viennent se mêler à l'état psychique, et c'en est fait de la liberté de l'âme.

Certes, c'est à chacun de savoir, par expérience personnelle, combien de temps il peut se promener sans se fatiguer. Mais il n'est pas nécessaire de connaître l'état des forces de chacun pour donner quelques indications générales, valables pour tout un chacun, et visant les conditions physiques de la promenade. Même pour ce qui est de la durée d'une promenade, la différence entre les individus ne peut varier de façon trop importante. Même à supposer que quelqu'un ait un corps qui ne se fatigue pas facilement, il devra quand même bien mettre des limites à ses promenades, ne serait-ce que par manque d'intérêt intellectuel, lequel ne peut être prolongé sans contrainte. D'une façon générale, la règle est la suivante : ne pas poursuivre une promenade quand on ne se sent pas (physiquement) à l'aise, ou quand on ne prend plus d'intérêt (intellectuel) à la promenade.

Il convient surtout que le mouvement du corps ne soit pas trop précipité durant les promenades. Ce précepte bien connu ne cesse pourtant d'être enfreint. C'est surtout le cas quand on est en groupe ; la raison en est que, dans le feu de la discussion, on finit par ne plus faire attention. Mais on finit aussi par ne plus faire attention aux impressions de la nature. On ne tarde pas à remarquer à quel moment on se trouve dans cette situation. En effet, dès qu'une sensation pénible s'empare du promeneur qui s'est oublié et qui a aussi oublié les choses qui l'entourent pendant qu'il marchait trop vite, il peut être certain d'avoir commis l'erreur de s'être promené trop vite. Mais quand cette sensation se manifeste, il est déjà trop tard. Le corps échauffé et épuisé, que l'on ne devrait absolument pas ressentir durant la promenade, se rappelle alors violemment à l'attention du pauvre promeneur qui en a manqué.

Jamais on ne devrait partir en promenade au sortir de table. Après le repas, le corps est trop pris par la digestion pour que la marche ne soit pas déjà en soi accompagnée de quelque désagrément. L'esprit se trouve alors beaucoup trop dans la dépendance du corps pour prendre plaisir à la nature et à la compagnie des autres sans être gêné par les sensations corporelles, même si, chez un être sain, le désagrément d'une telle promenade entreprise immédiatement après le repas ne se fait pas ressentir de façon marquante. Même si l'on mange dans un jardin, il n'est pas judicieux de se promener tout de suite après le repas.

De la même façon, on ne devrait pas se promener à cheval ou en voiture immédiatement après un repas. Certes, les promenades en voiture sont plus passives que les promenades à pied et exigent une moins grande dépense d'énergie ; mais ce n'est pas pour autant qu'elles sont plus recommandées que les promenades à pied. En voiture, le corps est sans arrêt secoué et même ébranlé. Ce manque de calme rend la digestion tout aussi difficile. Mais le pire, ce sont les promenades à cheval tout de suite après le repas ; car elles nécessitent une dépense d'énergie beaucoup plus importante que les promenades à pied ou en voiture.

Le meilleur moment pour se promener, chose bien connue, c'est à midi, juste avant de se mettre à table. On ne trouve à ce moment aucune des raisons si contraires aux promenades après le repas. Midi offre la possibilité de se promener en toute saison, avant le repas. Qu'on soit en hiver ou en été, au printemps ou en automne, quelle que soit la diversité des saisons, la différence importe peu. Seulement, en été, lorsque la chaleur culmine au milieu de la journée, il est bon de choisir à midi des endroits ombragés pour se promener : allées, jardins ou espaces plantés d'arbres. Si l'on n'y prend garde, il suffit d'une courte promenade pour se retrouver en nage et fatigué ; situation qui, juste avant le repas, est encore plus néfaste au corps que d'habitude, vu que l'on ne se met pas à table directement après un grand effort.

Le plus avantageux pour le corps et l'esprit, ce sont les promenades de bon matin en été, si elles ne fatiguaient pas tant[1]. Non seulement l'individu peut alors

1. On retrouve ce désagrément durant les promenades au printemps, au premier réveil de la nature. De ce point de vue, l'automne a des avantages par rapport au printemps qui commence. Mais est-il préférable de se priver carrément de l'agrément de certaines journées et certaines saisons, quitte à s'exposer à quelques désagréments et quelque fatigue ? (N.d.A.)

marcher de bon matin, le corps fortifié par le sommeil et l'esprit en éveil, mais, en plus, il n'est pas encore distrait par toutes les affaires et les soucis de la journée. Il profite de surcroît de la nature à l'un des plus beaux moments de la journée. Tout aussi accueillantes et vivifiantes pour le corps et l'esprit sont les promenades faites durant les soirs d'été. Le corps n'est plus alourdi par le repas ; la chaleur de la journée n'est plus une gêne, les promenades ne sont plus aussi fatigantes, et l'agréable fraîcheur de la brise nous caresse avec délice.

Explications

En pleine mer devant une étendue d'eau étale. P. 23, l. 1. Wieland porte là-dessus un jugement plein de psychologie, au début de son *Aristipp*[1] : « Dès le soir du deuxième jour », écrit Aristipp à son ami Cléonidas, lors de la traversée qui doit le conduire en Crète, « j'ai eu comme l'impression que l'uniformité infinie et majestueuse commençait à me causer de l'ennui. Le ciel et la mer réunis dans l'immensité d'un seul et même regard, voilà qui est peut-être l'image la plus grande et la plus sublime que notre âme puisse saisir ; mais rien que le ciel et la mer, la mer et le ciel, voilà qui, du moins à la longue, n'est pas fait pour ton ami Aristipp : et je crois vraiment qu'une petite tempête avec du tonnerre et des éclairs et tout ce qui va avec aurait été la bienvenue, ne serait-ce que pour changer. »

1. *Aristipp und seine Zeitgenossen (Aristipp et ses contemporains* - 1801*)*, roman par lettres offrant un panorama historique de l'époque de Socrate. (N.d.T.)

Le caractère physique de la promenade. P. 23, l. 23. Il faut avoir une imagination bien indolente pour ne pas être capable d'imaginer, ne serait-ce que par pure fantaisie, que l'on plane au-dessus d'un beau paysage, glissant dans l'immensité de l'air comme un oiseau, perdu dans le plaisir de cette contemplation, indépendant de toutes les lois oppressantes de la pesanteur. Mais bien que d'ordre intellectuel, ce ne serait pas là un état proprement humain. Or c'est lui qui donne à l'homme sa supériorité sur l'animal, dans le respect et l'intégrité de sa nature.

Nature. P. 35, l. 2. Déjà mentionné à un autre endroit (dans les *Lettres sur les écrits et la philosophie de Garve*, pages 258-268) ; tout comme dans les pages concernées, j'ai aussi abordé l'influence de la nature dans les chapitres sixième et onzième du présent ouvrage. Kant remarque excellemment dans la *Critique de la faculté de juger* qu'un intérêt vrai et vif pour la nature est toujours la marque d'un esprit noble. Kant lui-même s'exprime ainsi : « Je concède volontiers que l'intérêt porté à ce qui est beau dans l'art (auquel je rattache aussi l'usage artificiel des beautés de la nature pour la parure, donc pour la vanité) n'est en rien la preuve d'une façon de penser attachée au bien moral, ou même simplement adaptée à celui-ci. En revanche, je soutiens que prendre un intérêt immédiat à la beauté de la nature (et pas seulement avoir du goût pour la juger) est toujours le signe d'une âme bonne et que, si cet intérêt est habituel, il dénote à tout le moins une disposition intérieure favorable au sentiment moral, quand il se conjugue volontiers à la contemplation de la nature. [N.d.T. : passage suivant laissé de côté par Schelle : « Mais l'on doit bien se rappeler que je ne pense véritablement qu'aux belles formes de la nature et qu'en revanche j'écarte les attraits qui d'ordinaire se lient si abondamment à celles-ci, parce que l'intérêt qui s'y porte est sans doute aussi immédiat, mais toutefois empirique. »]

Celui qui, dans la solitude (et sans intention de vouloir communiquer ses observations à d'autres), contemple la belle forme d'une fleur sauvage, d'un oiseau, d'un insecte, etc., afin de l'admirer, de l'aimer et de ne pas devoir en regretter l'absence dans la nature en général, même s'il doit en subir quelque dommage et surtout ne pas en retirer quelque avantage, celui-là prend un intérêt immédiat [« et en vérité intellectuel », expression laissée de côté par Schelle. N.d.T.] à la beauté de la nature. » Un tel intérêt pour la nature, un tel amour pour elle est merveilleusement satisfait par les promenades au milieu de la nature. Une observation purement statique de celle-ci deviendrait très monotone et ne serait à la longue qu'une sourde et sombre rêverie.

Le grand spectacle du soleil qui se lève. P. 36, l. 25. C'est d'après nature que Rousseau dépeint le lever du soleil au troisième livre de l'*Emile*. « On le voit s'annoncer de loin par les traits de feu qu'il lance au-devant de lui. L'incendie augmente, l'orient paraît tout en flammes ; à leur éclat on attend l'astre longtemps avant qu'il se montre ; à chaque instant on croit le voir paraître ; on le voit enfin. Un point brillant part comme un éclair et remplit aussitôt tout l'espace ; le voile des ténèbres s'efface et tombe. L'homme reconnaît son séjour et le trouve embelli. La verdure a pris durant la nuit une vigueur nouvelle ; le jour naissant qui l'éclaire, les premiers rayons qui la dorent, la montrent couverte d'un brillant réseau de rosée, qui réfléchit à l'œil les lumière et les couleurs. Les oiseaux en chœur se réunissent et saluent de concert le père de la vie ; en ce moment pas un seul ne se tait ; leur gazouillement, faible encore, est plus lent et plus doux que dans le reste de la journée, il se sent de la langueur d'un paisible réveil. Le concours de tous ces objets porte aux sens une impression de fraîcheur qui semble pénétrer jusqu'à l'âme. Il y a là une demi-heure d'enchantement[1] auquel nul homme ne résiste ; un spectacle si grand, si beau, si délicieux, n'en laisse aucun de sang-froid. »

Mais il ne faudrait pas que l'intérêt porté par le promeneur à la nature soit d'ordre intellectuel. P. 37, l. 16. Aussi merveilleux soit-il, le texte du poème de Schiller : *La Promenade*[2] (*Poèmes de Schiller*, pp. 49-65) ne serait pas un bon sujet de conversation pour une vraie promenade. Bien que le poème de Schiller ne présente et ne

1. Schelle, qui indique que « ce texte n'est pas facile à traduire en allemand, au pied levé », a ici remplacé « une demi-heure d'enchantement » par « un quart d'heure d'enchantement ». (N.d.T.)

2. Long poème de deux cents vers écrit en 1795. (N.d.T.)

poursuive pas les fins de l'entendement à travers et pour l'entendement (présentation des rapports de la nature avec l'humanité en suivant progressivement toute l'évolution de la culture), bien qu'il parte donc d'un esprit véritablement poétique et se termine dans un esprit poétique, il est pourtant, en tant qu'œuvre d'art, surtout avec cet art très profond et animé d'un grand souffle, trop méthodique et sérieux pour une conversation de promenade. Certes, dans ce poème de Schiller, tout est bien rapporté avec un grand art au domaine de la promenade dans la nature, non loin de la ville ; et quand la contemplation intellectuelle semble s'égarer trop loin de l'observation véritable des objets entourant le poète qui se promène en son sein, elle est habilement ramenée à un objet de l'observation véritable ; mais, même si ce poème se déroule dans le cadre de la promenade, mêlant et fondant de la façon la plus intime ses composantes sensibles et intellectuelles, ces dernières ne sont pourtant pas le fait d'un promeneur ingénu, dont les sensations et les idées ne conservent pas toujours une seule et même direction mais changent continuellement comme les lieux qu'il traverse. De plus, la lecture du poème de Schiller ne laisse pas cette impression d'ingénuité que procure une vraie promenade au milieu de la nature ou d'autres personnes. Il procure plutôt (en accord certainement avec les intentions du poète) une impression de grande gravité morale. En lisant ce poème, on éprouve donc — ce qui ne peut valoir pour une promenade faite par un vrai promeneur qui ne tombe jamais dans un état de grande tension, même si elle est d'ordre moral, et qui ne se laisse échauffer par rien, ni par la nature ni par le genre humain, et ne se laisse pas aller à de grands élans de tout son être — un très grand intérêt (moral) ; c'est un état qui ne s'accorde pas à l'état d'esprit esthétique du promeneur, qui cherche le libre jeu de ses forces affectives. Schiller ne voulait pas faire de son poème la copie d'une vraie promenade ; la promenade ne devait lui servir qu'à être le véhicule d'une présentation (fiction) poétique intéressante. En tant que telle, elle est peut-être la seule situation où la nature et l'humanité pouvaient être présentées de façon poétique à la lumière de ce que voulait Schiller.

Pour preuve que je ne prends pas le poème de Schiller dans le simple but de servir mes démonstrations, je vais recourir à la brève mais pénétrante présentation qui en a été faite de façon magistrale, avec autant de sagacité que de sens poétique — la meilleure qui soit — et qui se trouve dans la nouvelle édition des poèmes de Schiller dans la *Bibliothèque des belles sciences* (première partie du cinquième et sixième volume). « De riches images opposées l'une à l'autre », peut-on lire ici, « sur la nature et l'art, la simplicité et le luxe, l'innocence et la dépravation, la liberté et la tyrannie, se fondent ici en un grand tout, qui enchante l'imagination par les effets d'un tableau artistiquement ordonné et magiquement éclairé et qui divertit aussi l'entendement grâce à une vraie histoire. Nous croyons lire une description et sommes étonnés de découvrir l'histoire du monde ; nous accompagnons un promeneur au cours d'une de ses promenades et celui-ci, porté par son enthousiasme, nous conduit à une hauteur qui nous fait voir de haut tout le genre humain et nous dévoile d'un coup tout ce que sa culture a de grand et de merveilleux. »

C'est toujours plus ou moins la nature qui doit donner matière à un divertissement solitaire quand on se promène en pleine campagne, ce n'est pas le rôle de l'art ou des livres, même si tous deux dépeignent les mêmes impressions naturelles que celles qui s'offrent au cours d'une promenade ; et pendant la promenade, le divertissement ne doit jamais sortir complètement du domaine de la réalité. C'est alors qu'une impression joyeuse viendra récompenser une telle promenade. — Cela ne veut pas dire qu'il faille violemment réprimer ses idées et ses sentiments pour les maintenir dans le cercle de la nature, même s'ils en viennent à se rapporter à l'origine des choses, comme ce peut être le cas devant des massifs montagneux aux formes étranges ; seulement, il ne faudrait pas qu'ils se détachent complètement de la réalité des objets qui les environnent et basculent vers une réflexion grave et sans rapport avec le monde sensible. Je me suis exprimé nettement là-dessus (pages 52-53) : nous ne sommes pas en contact direct avec la nature, nous ne sommes en relation avec elle que par le biais de nos sentiments et de nos idées que nous convoquons pour la contempler — et chacun le fait à sa façon ; le plaisir éprouvé dans la nature est d'autant plus grand que la richesse d'esprit et de cœur du promeneur est importante, et regarder la nature en aveugle n'est qu'une sourde rêverie. Mais cela ne veut pas dire qu'on doive se soustraire entièrement au spectacle de la nature et faire de considérations intellectuelles et morales l'objet unique de son divertissement durant ses promenades.

Bien sûr, on est plus sensible à la lecture d'un poème quand on le lit dans un beau paysage plutôt que dans une pièce close, et le magnifique poème de Schiller devrait se lire avec un sentiment de vérité d'autant plus saisissant qu'on se trouve en regard des objets qu'il présente au début et auxquels il se rapporte (sans considération du côté personnel quant à l'état et au lieu où se trouvait le poète, comme il est dit dans l'introduction). On peut certes s'allonger dans la verdure en pleine nature et s'adonner au plaisir de la lecture : mais on ne lit pas pendant une promenade, et la lecture n'a rien à voir avec cette activité.

Sur ce poème de Schiller, je tenterai un jour un commentaire esthétique, auquel il me semble se prêter plus qu'aucun autre, pour mettre en valeur autant la spécificité du genre qu'il a créé (car ce n'est pas un poème didactique) que la composition de celui-ci.

Les deux doivent être combinées. P. 46, l. 7. Ce point de vue permet aussi d'appréhender la diversité du sentiment national. Le Français vit beaucoup plus au milieu du monde, alors que l'Anglais préfère le commerce solitaire avec soi-même et avec les muses, dans la nature, loin des grandes villes. De ce fait, le caractère du Français est plus commun (son esprit est davantage modelé par la société qui pousse à une façon de penser, d'agir et de sentir commune) ; celui de l'Anglais a plus d'originalité. C'est avec beaucoup de justesse que Roucher, l'auteur du poème *Les Mois*[1], et Français lui-même, décrit cette différence de caractère national. « Les personnes cultivées et éclairées qui, à elle-seules, constituent cette partie de la nation d'où provient en fait l'esprit national dans la littérature, vivent, en Angleterre, davantage à la campagne ; et ce continuel séjour leur donne quotidiennement l'occasion d'appréhender avec leur esprit une foule d'objets, de les accueillir dans le domaine de leurs idées et de leurs sentiments, et d'en retirer du plaisir, alors qu'ils ne nous disent rien, à nous Français, parce qu'ils n'existent pas pour nous, tellement entichés que nous sommes de vie citadine que, lorsque nous allons à la campagne, nous emportons la ville avec nous. Pourtant, le temps viendra peut-être où nous serons, plus que les Anglais, des citoyens de la campagne. Comme la République, rappelée par la dissolution des finances, par la richesse extravagante qui, sous une monarchie gaspilleuse et avide de mener grand train, rongeait le cœur de l'homme et le dévorait, se fonde sur les bonnes mœurs et la vertu, la campagne va voir sa population augmenter. Même les bourrasques de la liberté vont ramener à la vie rus-

1. Jean-Antoine Roucher (1745-1794) fut le grand poète des Lumières, même si un décalage existe entre la puissance de ses intentions et ses réalisations. Après avoir adhéré à la Révolution, il s'en détourna aux premiers excès ; fait prisonnier sous la Terreur, il fut conduit à la guillotine dans la même charrette que Chénier. (N.d.T.)

tique la plus grande partie des gens faibles et sans grades, et les charmes de la tranquillité vont devenir pour eux un lien qu'ils ne seront plus disposés à briser. Un penchant plus prononcé pour la réflexion et l'observation fera que ce qui nous déplaît maintenant nous plaira, et nous lirons avec intérêt Thomson et ses disciples. Ils trouveront eux-mêmes des épigones. »

Qui pourrait nier que la Révolution puisse avoir cet effet salutaire sur le caractère national français ? Mais vu les expériences passées[1], comment trouver déjà des Français ayant surmonté leur ancien caractère national et ayant atteint ce stade de culture ? L'influence de la vie rustique et de la nature purifie néanmoins l'esprit des passions et le remplit de la paix et du calme de la nature. Roucher dit d'ailleurs très justement à ce sujet : « Un ami passionné de la botanique » et de la nature en général, « ne peut être un conspirateur ». Si Auguste, comme le montre Gibbon[2], a voulu, après les guerres civiles, gagner les Romains à la vie campagnarde par l'exemple de Virgile dans les *Géorgiques* et les guérir ainsi des effets sauvages d'un esprit belliqueux habitué aux cruautés, alors en France aussi, à considérer les conséquences que

1. Le noble auteur du passage cité, qui, alors même qu'il est en prison et attend la mort sur l'échafaud, croit encore pour sa nation, comme Condorcet en fuite, à l'avènement d'un esprit purifié et prêt à accueillir les bonnes mœurs et la vertu, ne pouvait déjà avoir lui-même ces expériences, en cette période sanglante de la Terreur, où la nation était encore prise dans une tension fiévreuse. Il n'a pas vu la Nation au terme de la Révolution. (N.d.A.)

2. Edward Gibbon (1737-1794), historien anglais qui s'est particulièrement intéressé à la période de l'Empire romain. (N.d.T.)

n'a pu manquer d'avoir une telle révolution sur les esprits, il restera encore tout à faire pour les mœurs après la fin de cette guerre. Qui ne comprend de lui-même par exemple la raison des luttes si fréquentes et toujours aussi meurtrières en France !

Un voyage dans une contrée offrant de grands et sublimes objets de la nature. P. 48, l. 19. Des impressions de ce genre, qui ne peuvent s'offrir qu'à celui qui voyage pour son agrément, se trouvent reproduites avec une très grande vérité dans le génial *Voyage dans les Alpes* de Matthisson[1] (*Poèmes*, page 75, quatrième édition). Seul le vrai promeneur qui sait encore éprouver du plaisir à gravir une montagne, qui ne laisse pas s'effacer les impressions de la nature à cause d'une marche rapide qui épuise le corps et l'esprit et engloutit toute l'attention de celui qui grimpe, peut en prendre pleinement conscience.

Promenades publiques dans les allées. P. 61, l. 1. Sur les promenades publiques à l'intérieur d'une ville, les espaces de verdure et les lieux qui en sont pourvus sont, pour les promeneurs, bien davantage le décor et le véhicule de la sociabilité qu'un simple moyen de goûter ensemble aux charmes de la nature. Cela varie en proportion de leur fréquentation. Dans cette mesure, les prome-

1. Friedrich von Matthisson (1761-1831), poète allemand appartenant à cette école des peintres de la nature qui va de Brockes à Haller et Klopstock. (N.d.T.)

nades publiques de Paris, telles qu'elles apparaissent dans la description de Friedrich Schulz (dans son ouvrage : *Sur Paris et les Parisiens*, pages 277 et suivantes), que ce soient les anciens boulevards, le jardin des Tuileries, les Champs-Élysées, le jardin du Luxembourg et du Palais Royal, ont toutes un caractère particulier et procurent une impression chaque fois très différente, en rapport avec le lieu. Empruntons à l'observateur attentif lui-même quelques passages significatifs qui caractérisent bien les différents lieux de promenades à Paris. « Autant ils sont nombreux, autant ils sont différents quant à leur situation, quant au public qu'ils drainent, quant aux heures d'affluence et aux plaisirs qu'ils offrent. Ils ont tous un attrait pour l'observateur, et si l'un est moins varié et moins pompeux que l'autre, celui-là offre en revanche matière à des observations que l'autre ne provoque pas. » D'abord quelques lignes sur les boulevards. « Je suis allé dans la partie plus huppée et donc plus tranquille des anciens boulevards. Les avenues sont bordées des deux côtés par des hôtels particuliers, dont les occupants étaient soit déjà à la campagne, soit encore à leurs toilettes. Seulement ici ou là, une dame était à son balcon dans un négligé qui avait dû lui prendre des heures et suivait des yeux un jeune monsieur qui passait à toute allure dans une voiture anglaise ou dans un rutilant cabriolet. À ses pieds passaient de paisibles familles bourgeoises qui avaient fini de prendre leur déjeuner depuis au moins une heure et montaient en direction des Champs-Élysées, tandis que d'autres descendaient dans l'autre sens vers la partie animée des boulevards. Les boutiques, les cafés, les gargotes étaient rares ici et on ne commençait à en trouver qu'au niveau du Théâtre Italien. — Il était quatre heures et le flot des promeneurs grossissait toujours davantage. Je me mêlais à eux et pris une nouvelle direction. La cohue était plus importante du côté droit de l'avenue que du côté gauche, et les mouvements étaient plus rapides parce que de nombreux arbres avaient péri ou n'avaient pas encore assez grandi pour protéger du soleil. Cela continua ainsi jusqu'à la rue Montmartre, où le côté gauche avait ici des arbres plus grands qui donnaient plus d'ombre. Je me dépêchais pour traverser, car la partie centrale de cette avenue était sillonnée de voitures et de calèches qui se suivaient à très peu de distance. Il y avait ici davantage de petites boutiques et d'étals. — Je ne savais si je devais écouter ou bien voir, rire ou bien pleurer, ou faire tout à la fois. Cet endroit bruyant est situé entre la rue Poissonnière et la porte Saint Denis. » Mais il est impossible de reproduire ici l'ensemble de ce tableau si animé.

« Le Jardin des Tuileries a, de tout temps, été le lieu de rencontre du monde distingué de la vie parisienne, et les promeneurs étaient autrefois d'autant plus choisis qu'ils se trouvaient alors à proximité de la Cour et que le Roi et toute sa famille venaient souvent s'y promener. Sous Henri IV, il grouillait de seigneurs et de dames à toute heure du jour, et le luxe, qui était déjà bien répandu, se montrait ici dans toute sa magnificence et sa séduction. Ce jardin était le lieu de promenade préféré d'Henri IV, et le matin du jour même où il fut assassiné, il se promenait encore dans cet endroit. Sous Louis XIV, le Jardin gagna encore en éclat et il était presque exclusivement réservé à la Cour et à sa suite. On l'agrandit, on l'embellit, comme tout ce que le roi prenait sous sa protection. C'était l'école du luxe pour l'habillement et les équipages, et il est impossible de lire un auteur de l'époque sans trouver une mention admirative de ce lieu. Il est maintenant[1] ouvert aux gens de tout âge, de tout rang et de toute condition. — L'ampleur du lieu qui permettait à des milliers de promeneurs de déambuler librement, les allées ombragées et les différentes perspectives vers la Seine et la route de Versailles n'étaient pas les seuls éléments qui expliquaient la cohue qui se pressait là-bas. Sur les cinq allées, ce sont les plus sombres qui occupent à elles-seules les deux tiers du Jardin. Les arbres sont vénérables, hauts et plantés si près les uns des autres qu'aucun rayon de soleil n'arrive à traverser leur feuillage. L'allée centrale et les deux allées latérales sont plus lumineuses et accueillent le gros des promeneurs. Près des arbres sont disposés des chaises et des bancs pour s'asseoir. À part dans les cinq allées — trois au centre et deux sur les côtés —, le reste des arbres est planté dans le désordre et n'est pas soumis à la loi du cordeau. Dessous sont aménagés des espaces de gazon qui sont entretenus et arrosés et qui offrent toujours de la verdure fraîche.

1. L'œuvre de Schulz *Sur Paris et les Parisiens* est parue en 1791. (N.d.A.)

Viennent s'y asseoir ou s'y allonger des groupes de promeneurs des deux sexes, ils jouent à de petits jeux ou se font des lectures à haute voix ; ou bien des enfants s'ébattent, accompagnés par leurs gouvernantes ou encore des individus de classes inférieures y dorment. Ces parties rustiques font un contraste agréable avec le faste citadin des allées principales où l'on vient voir et se faire voir. » Je dois sauter ici le passage relatif aux statues, aux cafés, aux restaurateurs ainsi qu'aux heures de fréquentation de ce Jardin.

Depuis la place Louis XV, la plus grande de Paris, « on passe directement dans le charmant bosquet que les Parisiens ravis, et pour qui tout ce qui est frais et vert est une nouveauté, ont baptisé les Champs-Élysées. Où qu'on porte le regard, on se trouve face à une allée : à droite, à gauche, droit devant ou en biais. La partie droite est la plus fréquentée et accueille un public plus distingué que la partie gauche. On trouve ici des cafés et des restaurateurs qui offrent des produits plus fins que ceux qui sont proposés dans les gargotes, les cabarets et les brasseries d'en face. De ce côté, les gens montent et descendent en silence et la foule ne devient nombreuse que le soir, lorsque le temps est beau. Des mères et des pères attentifs viennent avec leurs filles et leurs fils et forment de petits cercles dans les allées qui ne sont ni très bigarrées, ni très reluisantes mais qui font un effet d'autant plus joyeux. Le grand monde ne fait que voir ce petit bois et descend rarement des carrosses rutilants qui filent dans les deux sens au milieu de tout ça. À droite, le petit bois est bordé par des jardins où se trouvent de jolis pavillons, des grottes et des rochers qui donnent à l'ensemble un aspect très romantique. C'est le matin que ce petit bois est le plus agréable et pourtant je n'y ai jamais trouvé guère plus de dix personnes à cette heure.

« À gauche, les allées ne sont pas aussi belles qu'à droite mais on trouve là, surtout une fois qu'on a passé la barrière, de grandes étendues de gazon où se rendent, le dimanche, les bourgeois avec leurs familles. Soit ils s'installent tous ensemble en laissant leur progéniture jouer tout autour, soit ils jouent eux-mêmes à la balle avec leurs enfants ou jouent aux boules, ce jeu qu'ils aiment tant. Ce jeu, très ancien et très innocent, est appelé *cochonnet*[1] par les gens du peuple. On lance une petite boule, et c'est celui qui réussit à s'en rapprocher le plus avec une boule plus grosse qui a gagné. Une double rangée de spectateurs se délecte rien qu'à regarder, s'intéressant surtout à la bataille que se livrent les grosses boules qui s'entrechoquent pour arriver le plus près de la petite. Ce jeu est aussi simple et bon-enfant que le caractère du bourgeois parisien lui-même qui, en dépit de toutes les dépravations qui l'entourent, a su garder son ancienne chaleur, sa bonhomie et son affabilité. De ce point de vue, la moitié la plus pauvre des Champs Elysées est pour moi beaucoup plus attirante que l'autre moitié plus distinguée.

« Le Jardin du Palais du Luxembourg a pour sa part, quant à sa situation et à sa fréquentation, des

1. En français dans le texte. (N.d.T.)

qualités qui ne le rendent pas moins remarquable que les Tuileries. Après avoir traversé toute la cour, on entre sous un porche somptueux donnant directement sur le Jardin. En face s'étend un parterre simple mais dessiné avec goût, rempli de fleurs et d'arbustes de toutes sortes et entouré de grands buis. Des deux côtés, le regard se perd dans des allées ombragées qui ne le cèdent en rien aux allées des Tuileries et qui sont le point de rencontre des promeneurs venus flâner ici. Ils ne sont jamais très nombreux, à aucune heure de la journée. On dirait que c'est le jardin de la réflexion. On peut voir ici deux ou trois hommes assis ensemble en train de discuter modestement ou de se disputer. D'autres sont assis plus loin, un livre ou une écritoire à la main. D'autres encore filent à toute allure dans une allée, comme s'ils étaient tourmentés par l'esprit poétique. Ici des enfants jouent sur l'herbe verte, tandis que les mères et les nourrices sont assises au milieu ; plus loin est assis un groupe de vieilles dames qui se font la lecture à haute voix ou qui tricotent ou font quelque chose de leurs mains. Tout au fond se cache un couple d'amoureux qui vient peut-être de l'autre bout de la ville et s'est peut-être donné rendez-vous ici. Tout ici est calme, joyeux et modeste. »

Le reste de cette instructive et pittoresque présentation des promenades publiques de Paris, comme par exemple l'intéressante description du Jardin du Roi si attirant par les beautés qu'il recèle et qui viennent des quatre coins du monde, ou bien le Jardin des Plantes où se trouve la statue du grand Buffon, tout cela il faut le lire soi-même dans le livre de Schulz. Dans *Les Voyages d'un jeune Livonien (Die Reisen eines jungen Liefländers)*, le lecteur se voit proposé une description tout aussi magistrale des promenades publiques de Varsovie, Berlin et Vienne.

Celle-ci serait néanmoins plus saisissante. P. 67, l. 24. Tels sont les beaux jardins du Poggi, près de Gênes, que décrit Dupaty (*Lettres sur l'Italie*, volume 1, pages 50 et suivantes)[1]. Ils présentent en même temps un modèle de ce que doivent être les beaux jardins. « Les jardins du Poggi sont délicieux. Ils sont bien loin de ressembler à ces jardins symétriques que l'orgueil a commandés, et que l'architecture a construits ; à ces jardins où, sous l'empire monotone et sévère du ciseau, du râteau et de la ligne droite, chaque plate-bande n'offre qu'une fleur, chaque allée n'offre qu'un arbre, chaque espace, qu'un grand chemin et où le tout ne présente qu'une masse ; à ces jardins dont les eaux captives dans des bassins sont condamnées à dormir et à se taire éternellement ; à ces jardins, en un mot, qui, quelque vastes qu'ils soient, semblent pourtant n'avoir été faits que pour un coup d'œil, une centaine de pas et une heure.

« Au contraire, tout ce que la connaissance et l'amour de la belle nature peuvent exécuter, pour

1. Charle-Marguerite-Jean-Baptiste Mercier-Dupaty, magistrat français né à La Rochelle en 1746, mort à Paris en 1788. A fait de longs séjours en Italie. (N.d.T.)

charmer à la fois l'œil, l'imagination et le cœur, avec du gazon, de la terre, de l'eau, des fleurs, avec toutes les ombres de la verdure et les différents rayons du soleil, le génie de ces lieux l'a exécuté.

« Ces beaux jardins présentent, ou plutôt ils recèlent un enclos assez borné qui fournit à vos pas toujours de l'espace, à vos yeux toujours des objets, toujours de la rêverie à votre âme. Il n'y a pas dans cet enclos une fleur qui ne brille, pas une goutte d'eau qui ne murmure et qui ne coule, pas un arbre qui ne paraisse, et pas un seul qui se montre. Là une cabane, ici une grotte, plus loin un troupeau ; mille objets qu'on y a placés à dessein, vous les rencontrerez par hasard. On croit toujours être à la campagne, et on est toujours dans un jardin. On s'y promène toujours.

« Il est vrai que la verdure de ces jardins est composée en grande partie de ces arbres sérieux et sombres, dont il semble que les autres saisons n'ont pas voulu, et qu'elles ont laissés à l'hiver ; des pins, des cyprès, des mélèzes, des chênes verts : mais ces arbres d'hiver sont si bien mariés aux plus riants arbrisseaux du printemps, aux arbustes les plus riches de l'automne, aux arbres les plus brillants de l'été, aux lilas, aux tilleuls, aux platanes, que leur verdure mélancolique, égayée par le voisinage et l'alliance de ces végétaux plus aimables, cesse d'attrister la pensée et de repousser les regards. La verdure de ces jardins ressemble à la conversation de son propriétaire. Les pensées et les sentiments de la vieillesse y dominent, mais les souvenirs choisis des autres âges y brillent par intervalle, et la rendent encore très aimable[1]. »

La splendeur du climat de l'Italie fait qu'on ne s'attend à trouver ces très charmants jardins nulle part ailleurs que dans ce pays. « La nature, dit l'auteur[2] plein d'esprit des *Descriptions d'Italie* (pages 238 et suivantes), qui a donné à l'Italie les plus beaux de ses dons, offre partout sa douceur pour parfaire ici, avec un goût très sûr, la grande beauté et le charme plaisant de ces jardins. Elle a tant fait pour ces régions qu'il suffit d'un petit coup de pouce de l'art pour obtenir un ensemble parfait. — Le soir, après avoir longtemps visité les œuvres d'art et les ruines antiques, lorsque les forces de l'esprit demandaient le repos, et qu'après avoir supporté la chaleur de la journée les ombres fraîches invitaient à un repos réparateur dans les jardins de Rome et les parcs des villas, j'ai passé de nombreuses heures en joyeuse compagnie, à la villa Médicis et la villa Millini qui dominent Rome et toute la région alentour ; dans les nobles allées de chênes et de pins de la villa Pamfili, dans la splendeur de la villa Albani, et dans les allées mélancoliquement ombragées de cyprès, de lauriers et de myrtes de la villa Negroni[3]

1. Ces jardins ont été commandés par un ancien doge de Gênes, vénérable vieillard, plein d'expériences et de philosophie, qui, après avoir abandonné ses charges, et pour s'exprimer comme Dupaty, « n'est plus ni noble, ni ex-doge, ni sénateur, ni Génois : il est un homme. » (N.d.A.)

2 Friedrich von Ramdohr (1752-1822) : diplomate et historien d'art allemand, mort à Naples. (N.d.T.)

3. La brève description faite par Monsieur de Ramdohr de ces jardins et de la magnifique partie boisée imaginée par Michel Ange

— et surtout dans le magnifique parc du Prince Borghèse, ce noble promoteur des arts et du bon goût. L'inégalité du terrain de ce grand parc de la villa est merveilleusement mise à profit ici. La taille et la noblesse des chênes, des platanes et des pins tranchent avec ce que l'on trouve dans la région autour de Rome. Jamais on ne quitte ces jardins sans avoir découvert de nouvelles beautés et de nouvelles grandeurs à différents endroits, sans ressentir le besoin de revenir dans ces chênaies, dans ces allées bordées de pins, de cyprès et de lauriers, de revoir ces pittoresques fontaines et le petit lac dans le vallon mollement adossé à une colline. Le soir, les calmes reflets de cette eau romantique sont encore embellis par l'image des frondaisons de chênes plantés tout autour et rougeoyant sous le soleil ; sur une petite île au milieu du lac s'élèvent encore quelques-uns de ces arbres vénérables. — Il n'y a rien de meilleur que les heures solitaires passées dans ce parc le matin ou à la tombée du jour, surtout dans ce vallon au bord de ce lac. Le spectacle de cette calme étendue d'eau protégée des tempêtes par ce vallon planté de chênes favorise les réflexions sur le passé et l'avenir et nous les renvoie embellies comme le fait le miroir de l'eau avec les chênes ! »

---

sur la colline proche est le fruit d'une de ces heures d'enthousiasme intense, passées dans la beauté mélancolique de la villa Negroni. (N.d.A.)

Son humanité mérite d'autant plus de considération lorsque, avec ce sens de la nature qui est le sien, il partage le plaisir de son jardin avec les autres. P. 68, l. 22. Le modèle d'une telle humanité nous est donné par le prince Borghèse qui fit édicter par le surveillant de son parc et placarder dans le jardin même le texte suivant, pour bien souligner l'entière liberté du public :

« Moi, surveillant de la villa Borghèse Pinciana, déclare : "Qui que tu sois, sois un homme libre ! Ne redoute pas ici le carcan des lois ! Va où bon te semble, cueille ce que tu veux ; et si tu le veux disparais. Ici, tout est fait bien davantage pour l'étranger que pour le propriétaire. Durant cet âge d'or, qui exige une sécurité générale faite du même or, le maître de maison ne veut pas de lois d'airain. Que la libre et décente volonté soit la loi de celui qui vient ici. Mais celui qui enfreindra de façon méchante et intentionnelle la loi d'or de l'urbanité devra craindre que le surveillant ne brise pour lui le signe sacré de l'hospitalité." »

Les jardins furent d'ailleurs l'objet d'un poème du poète français Delille[1] et qui porte ce titre ; il fut transposé en allemand, de façon fort heureuse, par Monsieur M. Voigt.

1. Jacques Delille (1738-1813). Il est intéressant de rappeler ce que Delille écrivait, critiquant un poème latin de Le P. Rapin sur les jardins réguliers : « Il n'a traité que la partie mécanique de l'art des jardins : il a entièrement oublié la partie la plus essentielle, celle qui cherche dans nos sensations, dans nos sentiments la source des plaisirs que nous causent les scènes champêtres et les beautés de la nature perfectionnées par l'art... L'art des jardins... me paraît un des amusements les plus convenables, je dirais presque les plus vertueux, des personnes riches. » (N.d.T.)

Les habitacles douillets des carrosses. P. 75, l. 26. Qu'on veuille bien pardonner à l'auteur de ces lignes s'il apparaît à plus d'un lecteur comme faisant référence à une époque antédiluvienne de l'histoire allemande quand il parle des carrosses. Notre époque éclairée fait des progrès si rapides qu'il est impossible à un écrivain de suivre au même rythme. Le goût allemand en matière de voitures a parcouru le même long chemin qui a apporté un peu de lumière dans les couches épaisses des vêtements de nos grands-mères jusqu'à toucher la pure nature — mais à une vitesse bien plus vertigineuse. L'élégant véhicule que l'on rencontre maintenant sur les routes est aussi léger que le vaporeux habillement du beau monde ; avec cette différence que ce dernier n'est préjudiciable qu'à la santé lorsque le climat est rigoureux, les saisons rudes et le temps morose, alors qu'une voiture légère est également préjudiciable à l'agrément et au plaisir. Mais là où toutes les voitures se ressemblent, que ce soit les carrosses fermés ou les fiacres à la mode, c'est que ces derniers (par leur fragilité et leur manque de protection) requièrent toute l'attention de celui qui conduit sans considération des objets alentour, qui sont de toute façon masqués quand on est dans les premières.

Le doux mouvement des flots portant les embarcations ouvertes où l'on a une vue directe et libre sur toute la nature environnante sont incroyablement agréables. P. 77, l. 4. L'une des plus agréables promenades en bateau, que seul le charmant pays où fleurissent les citronniers est capable d'offrir, le célèbre auteur de *Sur l'état actuel de l'ancienne villa de Pline* (voir le journal *Allgemeine Literaturzeitung*, deuxième volume de l'année 1802) l'a faite sur le lac de Côme, sur les rives duquel se trouve justement ce qui reste de cette villa. Je reprends d'abord la description du lieu faite par ce grand poète et amateur d'art. « Toute la région alentour est riche en eaux ; les cascades dévalent les rochers dans une diversité toujours changeante ; les maisons, les moulins et les villages sont disposés là, de façon à la fois si étrange et si charmante qu'aucun peintre n'aurait pu les imaginer de façon plus heureuse. D'une façon générale, les perspectives que l'on a depuis le lac de Côme sont une vraie encyclopédie de la peinture poétique de paysages. Les montagnes sont hautes, rocheuses et pourtant absolument pas arides mais fertiles au contraire, parsemées de bourgs, de villages, d'églises et de maisons. Tantôt ils sont accrochés à des parois escarpées, tantôt blottis dans des baies, au bord d'une rive étroite et plate baignée par les flots ; tantôt ils sont tapis dans la verdure féconde ou bien accrochés à flanc de montagne, joliment entourés de prairies. De nombreuses localités sont bâties autour ou le long de gros torrents qui coulent magnifiquement entre de hautes parois de rocher. Les habitants de la région appellent ce genre de précipice *orrido* ; ils sont considérés comme les plus grandes curiosités de la région, et ce n'est pas sans une certaine vanité que chaque localité se targue de posséder la plus grande, la plus profonde, etc. »

Et, maintenant, la description de la promenade elle-même. « Le soir était tombé et nous nous préparions à partir. Des vents doux berçaient l'embarcation, le soleil jetait joyeusement ses derniers feux sur les vagues, on entendait au loin le bruit estompé et solennel des cascades, qui jamais ne recouvrait le bruissement de feuilles des lauriers tout proches, ni le chant lointain des oiseaux qui chantaient joyeusement en chœur. Comme saisis par cet enchantement, nous attendions pour profiter encore une fois de la beauté de ce paysage. C'est à peine si l'on remarquait le mol balancement des grands cyprès plantés sur la montagne dominant la villa et dans le bosquet situé encore plus haut, seules les cimes des arbres étaient éclairées, tout le reste était déjà pris dans les ombres du crépuscule, c'est à peine si, ici ou là, un rayon de soleil parvenait à passer à travers les frondaisons et les troncs tout brillants de lumière. Un peu plus loin on apercevait les contreforts de la montagne couverts de vignes d'où dépassaient ici ou là de grands pins dont le tronc et les frondaisons luisaient dans la lumière et qui donnaient au contour de ce paysage baignant dans l'air pur une charmante diversité.

« La lune s'était levée et se reflétait dans le flot tranquille avec toute l'armée des étoiles, un calme profond ne tarda pas à s'emparer de toute la nature, on ne percevait plus que le bruit des cascades ou bien, à mesure que l'on approchait, le bruit infatigable des moulins, et parfois aussi l'aboiement d'un chien sur le qui-vive, répercuté par l'écho venu de l'autre rive. Nos bateliers chantaient des chansons populaires pour marquer le rythme des rames, selon une tradition sans doute ancestrale, sur un ton faible et solennel, mais je ne pouvais en comprendre parfaitement les paroles à cause du mauvais dialecte. L'une de ces chansons, qui se distinguait par la grâce de sa mélodie, louait les plaisirs de l'amour heureux avec une naïveté véritablement touchante. »

Qui ne se rappelle ici l'amour de Rousseau pour les promenades en barque, ses promenades fréquentes sur le lac de Genève et le lac de Bienne entre autres ?

Montagnes. P. 84, l. 1. Les promeneurs qui ne font pas que s'abandonner en aveugle aux impressions de la nature mais désirent se promener en ayant pleinement conscience des raisons de leur plaisir peuvent trouver la particularité des beautés des régions montagneuses développée dans l'excellent traité que leur a consacré Garve (voir *Ecrits divers* de Garve, partie II, pages 143 et suivantes). On n'a pas fait assez justice au défunt auteur de ce traité, quant à cet ouvrage. Si Garve n'y donne pas là toutes les particularités des impressions globales et singulières ressenties en montagne, ce n'est pas sa faute. Elles ne peuvent être appréhendées par aucun écrivain, ni par aucune langue. Leur représentation serait plutôt l'objet de la peinture, même si elle aussi ne peut jamais saisir la nature dans toutes les combinaisons de ses manifestations fugitives. D'ailleurs, ce qui est dit de ce point de vue, aux pages 79 et 104-105 va dans le sens de Garve. Il convient de rapprocher en cours de lecture les différents moments de ses développements, cela va de soi.

Vues avec une lunette depuis un ballon, elles ne manqueraient pas de faire cette impression repoussante. P. 84, l. 17. Ce n'est que dans l'optique d'un observateur humain placé juste au-dessus d'un point précis de la surface terrestre que ces lignes ont quelque vérité ; ce n'est plus vrai si l'on englobe la totalité de la terre. Comme la plus haute montagne de la terre ne dépasse pas une lieue allemande, elle ne fait guère plus d'un millième de son rayon (860 lieues) et peut donc être considérée comme un simple point, en regard de la terre prise dans sa totalité.

L'Etna. P. 86, l. 1. Je donne ici en contrepoint au beau passage de Rousseau où il décrit le lever du soleil, et pour confirmer ce que j'ai dit dans mon texte, la description du lever du soleil tiré du *Voyage en Sicile et à Malte* (première partie, page 153) de Brydone[1], au moment où l'astre est aperçu du sommet et brille sur le vieux monde. « Nous étions placés sur un théâtre prodigieusement élevé, et toute la surface de notre hémi-

1. Patrick Brydone, voyageur anglais né vers 1741 et mort en 1818. Il a publié plusieurs relations de voyages qui ont eu un grand succès, notamment *A Tour through Sicily and Malta* (Lyon, 1774-1776, 2 vol.). À la traduction du texte allemand (qui est lui-même une traduction de l'anglais en allemand faite par Schelle), nous préférons donner ici directement la traduction faite par Demeunier du vivant de Brydone et éditée à Neuchâtel en 1776 (première partie, lettre X - pages 142-144). (N.d.T.)

sphère semblait se réunir en un seul point, sans qu'il y eût aux environs aucune montagne sur laquelle les sens et l'imagination pussent se reposer. Nous revînmes avec peine de notre extase, et crûmes longtemps ne plus être sur la terre. Nous étions placés sur les bords du gouffre sans fond, aussi ancien que le monde, qui vomit souvent des torrents de feu, et lance des rochers enflammés avec un bruit dont toute l'île retentit. L'immense étendue de la vue comprenait les objets de la nature les plus variés et les plus enchanteurs ; enfin le soleil levant s'avançait pour éclairer et embellir ce magique tableau.

« Imaginez l'atmosphère s'enflammant peu à peu, et ne laissant entrevoir que par degrés le firmament et notre globe. La mer et la terre sont dans un état de confusion et d'obscurité, comme si elles sortaient du chaos primitif ; la lumière et les ténèbres semblent être encore confondues, jusqu'à ce que le jour, s'approchant insensiblement, opère enfin la séparation ; alors les étoiles s'éteignent, et les ombres disparaissent. Les forêts, qui tout à l'heure ressemblaient à des abîmes noirs et sans fond, ne réfléchissant aucun rayon de lumière qui fît apercevoir leur forme et leur couleur, semblent sortir du néant pour la première fois ; chaque rayon de lumière y répand la vie et la beauté. La scène s'étend, l'horizon s'élargit et se prolonge de tous côtés ; et le soleil, comme le grand créateur, paraît vers l'Orient, et achève de former ce merveilleux spectacle. Tout paraît enchantement, et nous sommes, pour ainsi dire, transportés aux régions éthérées. Les sens, qui ne sont point accoutumés à de pareils objets, se trouvent confondus et troublés, et il leur faut quelque temps pour pouvoir les discerner. On voit le corps du soleil se lever du fond de l'Océan, et traîner à sa suite une immense étendue de terres et de mers. Les îles de Lipari, de Panari, d'Alicudi, de Strombolo et de Volcano, dont les sommets sont couverts de fumée, semblent être sous nos pieds ; et nous contemplons toute la Sicile comme sur une carte. Nous pouvons tracer le cours de chaque rivière à travers tous ses détours, depuis sa source jusqu'à son embouchure. La vue est sans bornes de tous les côtés, et il n'y a rien qui l'interrompe ; de sorte qu'elle se perd partout dans l'immensité. Je suis très convaincu que, si nous ne découvrons pas les côtes d'Afrique, et même celles de la Grèce, cela vient uniquement de l'imperfection de nos organes, puisqu'elles sont certainement au-dessus de l'horizon. » On a mis en doute la crédibilité de Brydone dans la description qu'il nous fait de ce lever de soleil sur l'Etna, on a prétendu que Brydone n'était jamais allé au sommet de l'Etna et qu'il n'avait donc pu voir le soleil se lever. Les raisons de cette affirmation sont pour partie très étranges. Brydone avait fait mention d'un chêne millénaire dans la région centrale de l'Etna, alors qu'un autre esprit bien avisé n'y avait vu aucun chêne millénaire. On en a conclu que Brydone n'était jamais allé au sommet de l'Etna. — Brydone dit que c'est seulement la faiblesse de ses yeux qui l'a empêché de voir les côtes de l'Afrique et même de la Grèce depuis le sommet de l'Etna. On en a conclu que Brydone n'était jamais allé au sommet de l'Etna. — La description que fait Brydone du lever du soleil sur l'Etna est un produit de l'imagination. On en a conclu : Brydone n'est jamais allé au sommet de l'Etna. — Que dire de ces doctes conclusions ? Toutefois, et sans parler de leur caractère misérable, comme elles ont pu entamer la considération d'un homme dont l'œuvre contient pourtant tant de détails relatifs à l'Etna qui attestent sa crédibilité et qui ne se laissent pas inventer, cela vaut la peine de les regarder de plus près, pour voir à quel point elles sont nulles et non avenues. C'est précisément cette imagination que possédait Brydone, capable de décrire un spectacle aussi grand et unique comme le lever du soleil sur l'Etna, qui fait le mérite peu commun de sa description en rapport même avec la réalité. Il suffit de repenser à l'Etna et à sa situation géographique pour se convaincre que chaque trait est nécessaire dans ce tableau, et même si ce n'était que le pur produit de l'imagination d'un homme qui n'aurait jamais été sur l'Etna ou n'y aurait même jamais assisté à un lever de soleil, il faudrait en reconnaître toute la vérité, tellement tout est conforme à la nature de la chose, tellement il y a de vie dans toute la description de ce spectacle. Brydone fait, entre autres, un grand nombre d'observations physiques et botaniques à propos de l'Etna, sur lesquelles ses détracteurs sont incapables même de porter un jugement décisif. — Un si grand ami de la nature, un botaniste si passionné, à proximité immédiate d'un spectacle aussi intéressant (sur l'Etna), renoncerait résolument à tout cela et n'irait pas voir le lever du soleil sur l'Etna ! — « Mais il prétend qu'on pourrait voir les côtes d'Afrique, et même celles de la Grèce, depuis l'Etna. » Comme s'il avait dit : je les ai vues ! — Et même s'il l'avait dit, est-ce qu'il n'aurait pas pu se tromper, étant donné les distances incommensurables que seule l'imagination d'individus sans esprit laisserait de marbre ?

Comment pourrait-il en être autrement lorsqu'on a la fierté de se promener dans les hautes régions de la terre, face au ciel. P. 87, l. 5. Qui pourrait ne pas se laisser emporter par l'admirable strophe tirée du *Promeneur des Alpes* de Matthisson (*Poèmes*, p. 71) :

Ici où l'âme déploie
Plus largement ses ailes,
Bien loin au-dessus de la terre
Elle croit s'élever et rompre ses chaînes,
Plus pure et plus libre,
Échappant au monde sensible
Dans le voile de l'éther
Déjà elle s'agenouille
Sur les rives du Léthé.

Champ. P. 96, l. 1. Dans les *Géorgiques* latines et françaises (poèmes de Virgile et de Delille sur l'agriculture, les *Saisons* de Thomson, *Louise* et les *Idylles* de Voß[1], *Hermann et Dorothée* de Goethe), on trouve des descriptions poétiques qui

1. Johann Heinrich Voß (1751-1826), poète du nord de l'Allemagne qui a pris ses distances par rapport à Klopstock mais s'est fourvoyé dans des scènes de genre un peu pédantes. (N.d.T.)

vivifient les sentiments pour la campagne et les champs.

Forêts. P. 98, l. 12. L'esprit humain s'est aussi penché sur cette partie des beautés naturelles. Les ouvrages de Gilpin[1] transposés en allemand et qui concernent les scènes de forêts, ainsi que l'œuvre du même auteur également traduite en allemand et intitulée : *Considérations portant principalement sur les beautés pittoresques de la nature faites au cours d'un voyage à travers différentes régions de l'Angleterre et de l'Ecosse*, sont des classiques du genre.

Pour retirer tous les plaisirs possibles de promenades dans une forêt, tout comme sur une prairie et dans un champ, il est nécessaire d'avoir des connaissances en botanique. P. 102, l. 21. Rousseau, qui a ressenti toutes les vicissitudes humaines et les situations de la vie avec une rare réceptivité, qui a porté un regard plein d'amour sur les fleurs et les herbes, non seulement dans ses promenades solitaires mais aussi dans le tumulte aliénant de la vie et la foule de Paris, met aussi en lumière, dans *Les Rêveries du promeneur solitaire*, qui se trouvent généralement à la fin des deux tomes des *Confessions* et qui sont essentiellement consacrées à l'observation de telles vicissitudes et de telles situations, le côté humain de la botanique, telle qu'il la voyait et la pratiquait. Après avoir abordé dans la *Septième pro-*

1. Willliam Gilpin (1724-1804), essayiste anglais, admirateur des « beautés pittoresques » de la nature. (N.d.T.)

menade la fausse conception de la botanique qui résulte du fait qu'elle s'impose dans les pharmacies à l'attention d'un public mal informé et à l'esprit tordu ; après avoir abordé le côté misérable de l'engouement pour les minéraux qui, sans le recours à la chimie, reste toujours le morne apanage de riches vaniteux, tout comme l'étude du règne animal (zoonomie)[1] qui, sans l'anatomie, est improductive et, avec l'anatomie, répugnante pour le commun des mortels (pas pour le savant, ni pour la science), il passe à des considérations pleines d'humanisme sur les plantes. « Les plantes, poursuit-il, semblent avoir été semées avec profusion sur la terre, comme les étoiles dans le ciel, pour inviter l'homme par l'attrait du plaisir et de la curiosité à l'étude de la nature ; mais les astres sont placés loin de nous ; il faut des connaissances préliminaires, des instruments, des machines, de bien longues échelles pour les atteindre et les rapprocher à notre portée. Les plantes y sont naturellement. Elles naissent sous nos pieds, et dans nos mains pour ainsi dire, et si la petitesse de leurs parties essentielles les dérobe quelquefois à la simple vue, les instruments qui les y rendent sont d'un beaucoup plus facile usage que ceux de l'astronomie. La botanique est l'étude d'un oisif et paresseux solitaire : une pointe et une loupe sont

1. On peut aussi imaginer un intérêt purement humain et pas seulement érudit pour le règne animal. Il consisterait en l'étude de ses tendances et de ses pulsions. Mais c'est là une affaire difficile, qui exige du temps et de l'énergie et le concours de plusieurs savants mettant leurs observations en commun. De ce point de vue, le mérite de Buffon est immense. (N.d.A.)

tout l'appareil dont il a besoin pour les observer. Il se promène, il erre librement d'un objet à l'autre, il fait la revue de chaque fleur avec intérêt et curiosité, et sitôt qu'il commence à saisir les lois de leur structure il goûte à les observer un plaisir sans peine aussi vif que s'il lui en coûtait beaucoup. Il y a dans cette oiseuse occupation un charme qu'on ne sent que dans le plein calme des passions mais qui suffit seul alors à rendre la vie heureuse et douce : mais sitôt qu'on y mêle un motif d'intérêt ou de vanité, soit pour remplir des places ou pour faire des livres, sitôt qu'on ne veut apprendre que pour instruire, qu'on n'herborise que pour devenir auteur ou professeur, tout ce doux charme s'évanouit, on ne voit plus dans les plantes que des instruments de nos passions, on ne trouve plus aucun vrai plaisir dans leur étude, on ne veut plus savoir mais montrer qu'on sait, et dans les bois on n'est que sur le théâtre du monde, occupé du soin de s'y faire admirer ; ou bien se bornant à la botanique de cabinet et de jardin tout au plus, au lieu d'observer les végétaux dans la nature, on ne s'occupe que de systèmes et de méthodes ; matière éternelle de dispute [N.d.T. : le passage suivant n'est pas donné dans la traduction de Schelle : « qui ne fait pas connaître une plante de plus et ne jette aucune véritable lumière sur l'histoire naturelle et le règne végétal. De là les haines, les jalousies, que la concurrence de célébrité excite chez les botanistes auteurs autant et plus que chez les autres savants. »] En dénaturant cette aimable étude, ils la transplantent au milieu des villes et des académies où elle ne dégénère pas moins que les plantes exotiques dans les jardins des curieux. »

L'Anglais Darwin a aussi traité ce sujet de façon poétique dans son poème *The botanic Garden*, dont la première partie contient les préceptes de la physique et de la chimie générales et la seconde est tout entière consacrée à la botanique. Garve en a donné un extrait dans *La Nouvelle Bibliothèque des belles sciences* (volume 61, partie I). Darwin travaille maintenant à un poème intitulé : *Le Temple de la nature.* Là-dessus, on se reportera aussi à ce que dit Herder sur la philosophie botanique dans ses *Lettres pour promouvoir l'humanité* (quatrième collection, lettre 45, page 72).

Différentes scènes de la nature, lorsque celle-ci passe ou vient juste de passer d'un état à l'autre. P. 106, l. 3. De ce point de vue, une chose particulièrement intéressante est d'observer le passage progressif de la nuit au jour, et du jour à la nuit. Mais, pour profiter du plaisir de ce premier spectacle de la nature, il faut se lever avant l'aube ! Et le soir, il ne faudrait pas lire, écrire ou travailler — toutes choses qui vont d'ailleurs de soi quand on fait attention à l'état de ses yeux. En étant toujours occupé ou distrait à cette heure de la journée, on se prive d'un vrai plaisir en pleine nature ou, quand on est dans la solitude d'une chambre, d'un agréable tête-à-tête avec soi-même toujours favorisé par cette heure, lorsqu'on laisse libre cours à ses pensées, lorsqu'on est à l'écoute de ses idées et de ses sentiments, que l'on se remémore les impressions et les scènes du jour et que l'on réfléchit au jeu de la vie.

Certaines journées maussades. P. 106, l. 26. C'est surtout l'automne qui est riche en journées à la morosité intéressante. Toute la nature semble alors empreinte d'un parfum de magie qui met l'imagination en branle. Ce parfum ne vient pas de l'air humide (l'air serait même plutôt sec alors), qui empêcherait au contraire le bien-être physique et intellectuel, comme c'est le cas durant les journées humides. En même temps, et indépendamment du ciel couvert de lourds nuages, l'air semble chargé de particules de lumière qui, par contraste, renforcent ainsi notre impression.

La tiédeur de la nuit. p. 107, l. 18. L'influence que les soirées et les nuits ont sur notre cœur vient du fait que c'est le soir que l'activité de l'imagination est le plus facilement stimulée ; les violentes passions et les violentes affections se taisent et s'apaisent généralement dans un cœur bien ordonné, aucune autre heure de la journée n'est plus propice aux réflexions religieuses, elle fait ressentir à l'âme son besoin d'amour et d'amitié et ouvre le cœur à la confidence, mais l'expose aussi, selon la nature même des choses, aux sentiments de peur, d'effroi, de crainte et de terreur. Celui qui souhaiterait en savoir davantage là-dessus peut lire l'intéressant traité de Monsieur le substitut Tzschirner dans le *Répertoire général de psychologie empirique* de Mauschart, tome sixième.

Le chant mélodieux du rossignol. P. 111, l. 5. Je ne peux m'empêcher de donner ici aux lecteurs la magistrale description du chant du rossignol faite par Buffon, bien qu'elle soit parfois trop précieuse (surtout dans un passage que je laisse à dessein de côté) et, comme on le verra, un peu exagérée.

« Il n'est point d'homme bien organisé[1] à qui ce nom ne rappelle quelqu'une de ces belles nuits de printemps où le ciel étant serein, l'air calme, toute la Nature en silence, et pour ainsi dire attentive, il a écouté avec ravissement le ramage de ce chantre des forêts. On pourrait citer quelques autres oiseaux, dont la voix le dispute à certains égards à celle du rossignol ; les alouettes, le serin, le pinson, les fauvettes, la linotte, le chardonneret, le merle commun, le merle solitaire, [« le moqueur d'Amérique », supprimé par Schelle dans l'énumération. N.d.T.] se font écouter avec plaisir, lorsque le rossignol se tait : les uns ont d'aussi beaux sons, les autres ont le timbre aussi pur et doux, d'autres ont des tours de gosier aussi flatteurs ; mais il n'en est pas un seul que le rossignol n'efface par la réunion complète de ces talents divers, et par la prodigieuse variété de son ramage ; en sorte que la chanson de chacun de ces oiseaux prise dans toute son étendue n'est qu'un couplet de celle du rossignol : le rossignol charme toujours, et ne se répète

1. Buffon a mis ici une note non reprise par Schelle (qui a traduit « bien organisé » par « non perverti ») : « Je dis bien organisé, car on a vu des hommes qui avaient de l'antipathie pour le chant des rossignols, et s'acharnaient à les détruire, pour entendre à leur aise le croassement des grenouilles. » (N.d.T.)

jamais, du moins jamais servilement ; s'il redit quelque passage, ce passage est animé d'un accent nouveau, embelli par de nouveaux agréments ; il réussit dans tous les genres ; il rend toutes les expressions, il saisit tous les caractères, et de plus il fait en augmenter l'effet par les contrastes. Ce coryphée du printemps se prépare-t-il à chanter l'hymne de la Nature, il commence par un prélude timide, par des sons faibles, presque indécis, comme s'il voulait essayer son instrument et intéresser ceux qui l'écoutent ; mais ensuite, prenant de l'assurance, il s'anime par degrés, il s'échauffe, et bientôt il déploie dans leur plénitude toutes les ressources de son incomparable organe : coups de gosier éclatants, batteries vives et légères ; fusées de chant, où la netteté est égale à la volubilité ; murmure intérieur et sourd qui n'est point appréciable à l'oreille, mais très propre à augmenter l'éclat des tons appréciables ; roulades précipitées, brillantes et rapides, articulées avec force et même avec une dureté de bon goût ; accents plaintifs cadencés avec mollesse ; sons filés sans art, mais enflés avec âme ; sons enchanteurs et pénétrants ; vrais soupirs d'amour et de volupté qui semblent sortir du cœur et font palpiter tous les cœurs, qui causent à tout ce qui est sensible une émotion si douce, une langueur si touchante. [N.d.T. : vient ici le passage jugé trop précieux par Schelle et laissé intentionnellement de côté : « C'est dans ces tons passionnés que l'on reconnaît le langage des sentiments qu'un époux heureux adresse à une compagne chérie, et qu'elle seule peut lui inspirer, tandis que dans d'autres phrases plus étonnantes peut-être, mais moins expressives, on reconnaît le simple projet de l'amuser et de lui plaire, ou bien de disputer devant elle le prix du chant à des rivaux jaloux de sa gloire et de son bonheur. »]

Ces différentes phrases sont entremêlées de silences, de ces silences qui dans tout genre de mélodie concourent si puissamment aux grands effets ; on jouit des beaux sons que l'on vient d'entendre, et qui retentissent encore dans l'oreille ; on en jouit mieux parce que la jouissance est plus intime, plus recueillie, et n'est point troublée par des sensations nouvelles ; bientôt on attend, on désire une autre reprise : on espère que ce sera celle qui plaît ; si l'on est trompé, la beauté du morceau que l'on entend ne permet pas de regretter celui qui n'est que différé, et l'on conserve l'intérêt de l'espérance pour les reprises qui suivront. Au reste, une des raisons pour lesquelles le chant du rossignol est plus remarqué et produit plus d'effet, c'est, comme le dit très bien M. Barrington, parce que chantant la nuit, qui est le temps le plus favorable, et chantant seul, sa voix a tout son éclat, et n'est offusquée par aucune autre voix : il efface tous les autres sons moelleux et flûtés, et par la durée non interrompue de son ramage qu'il soutient quelquefois pendant vingt secondes[1]. »

1. Celui qui voudrait en savoir plus sur la constitution de sa gorge, la force des ses attaques, la quantité, la durée et la portée du chant du rossignol, les notes du début et de la fin dans leur rapport avec les notes intermédiaires, la raison qui explique le chant du mâle — totalement ignorée par Buffon — pendant que la femelle couve, la rivalité entre eux, l'effort étonnant que coûte ce chant qui peut entraîner la mort, les endroits de prédilection choisis par les

Une baignade. P. 122, l. 22. *Les sources thermales* de Monsieur Neubeck sont un poème bien trop connu pour répéter qu'on y trouve la description des plus excellents bains d'Allemagne. On pourrait tout aussi bien mentionner le contenu des poèmes de Thomson *Les Saisons.*

Pour finir, je voudrais faire remarquer que le regretté professeur Heydenreich[1] avait en tête d'écrire quelque chose sur les promenades. Mais son propos était davantage de développer quelques idées éparses pouvant servir à agrémenter les conversations durant les promenades que de traiter des conditions et des impressions mêmes de la promenade. À ce sujet, je ne partage pas tout à fait son opinion, comme le montre le développement de mon idée maîtresse selon laquelle même le libre jeu des idées ne doit jamais se soustraire totalement à l'influence des objets environnants si l'on veut que la promenade puisse faire une impression joyeuse et agréable ; et si ces enchaînements d'idées ne doivent pas tous venir de la sphère de la promenade, ils doivent du moins tous provenir de l'esprit même de celui qui se promène. Ce qui ne vient pas de l'humeur, des penchants, des situations, des idées et des sentiments de la personne (et l'écrivain ne parle que de cette espèce) ne peut être remplacé par aucun succédané pour assurer un agréable divertissement.

---

rossignols, bref, celui qui voudrait tout savoir sur les rossignols peut se reporter à l'ouvrage de Bechstein *Histoire naturelle des oiseaux*, pages 359-394, à l'article « rossignol ». (N.d.A.)

1. Karl Heinrich Heydenreich (1764-1801), poète et philologue, professeur de Schelle à Leipzig. (N.d.T.)

TABLE

Rivages poche /Petite Bibliothèque
Collection dirigée par Lidia Breda

L'Art de ne croire en rien (n° 392)
Sefer Yesirah ou Le livre de la Création (n° 387)

Giorgio Agamben	*Stanze* (n° 257) *Moyens sans fins* (n° 380) *Ce qui reste d'Auschwitz* (n° 390) *L'Ombre de l'amour* (n° 434)
Günther Anders	*Nous, fils d'Eichmann* (n° 426)
Apulée	*Le Démon de Socrate* (n° 110)
Hannah Arendt	*Considérations morales* (n° 181) *Le Concept d'amour chez Augustin* (n° 288) *Qu'est-ce que la philosophie de l'existence ?* (n° 400)
L'Arétin	*Sonnets luxurieux* (n° 192)
Aristote	*L'Homme de génie et la Mélancolie* (n° 39) *Rhétorique-Des passions* (n° 40) *Éthique à Eudème* (n° 129) *La Vérité des songes* (n° 162)
W. H. Auden	*Shorts* (n° 407)
Marc Augé	*L'Impossible Voyage* (n° 214) *Les Formes de l'oubli* (n° 333)
Augustin	*La Vie heureuse* (n° 261) *Le Bonheur conjugal* (n° 347)
Francis Bacon	*Sur le prolongement de la vie et les moyens de mourir* (n° 401)
Barbey d'Aurevilly	*Du dandysme et de George Brummell* (n° 233)
Bruce Benderson	*Pour un nouvel art dégénéré* (n° 259) *Sexe et solitude* (n° 335)
Walter Benjamin	*Je déballe ma bibliothèque* (n° 320)
Boèce	*Consolation de la Philosophie* (n° 58)
Georg Büchner	*Lenz* (n° 244)
Buffon	*Discours sur la nature des animaux* (n° 424)
Casanova	*Mon apprentissage à Paris* (n° 252)
Patrizia Cavalli	*Toujours ouvert théâtre* (n° 379)

Mme du Châtelet *Discours sur le bonheur* (n° 221)
Malek Chebel *Du désir* (n° 414)
Chesterfield *Lettres à son fils* (n° 99)
Christine de Suède *Maximes* (n° 200)
Claude Crébillon *Lettres de la Marquise de M*** au Comte de R**** (n° 322)
Tullia d'Aragona *De l'infinité d'amour* (n° 210)
Charles Darwin *L'Expression des émotions chez l'homme et les animaux* (n° 351)
Mme du Deffand *Lettres à Voltaire* (n° 139)
Erri De Luca *Un nuage comme tapis* (n° 176)
Rez-de-chaussée (n° 191)
Alzaia (n° 382)
Première heure (n° 441)
Alfred Döblin *Sur la musique* (n° 386)
John Donne *Méditations en temps de crise* (n° 365)
Maître Eckhart *Du détachement* (n° 143)
Conseils spirituels (n° 408)
Umberto Eco - Cardinal Martini
Croire en quoi ? (n° 238)
R. W. Emerson *La Confiance en soi* (n° 302)
Épictète *Manuel* (n° 132)
Euripide - Sénèque *Médée* (n° 211)
Ennio Flaiano *Journal des erreurs* (n° 275)
Charles Fourier *Des harmonies polygames en amour* (n° 417)
S. Freud - S. Zweig *Correspondance* (n° 166)
H. G. Gadamer *L'Héritage de l'Europe* (n° 429)
Goethe *Maximes et réflexions* (n° 343)
W. Gombrowicz *Cours de philosophie en six heures un quart* (n° 171)
Baltasar Gracián *L'Art de la prudence* (n° 116)
Henrich Heine *Idées. Le Livre de Le Grand* (n° 437)
Hésiode *Théogonie- La naissance des dieux* (n° 83)
Hippocrate *Sur le rire et la folie* (n° 49)
Airs, eaux, lieux (n° 174)

H. von Hofmannsthal *Lettre de Lord Chandos* (n° 312)
Chemins et rencontres (n° 396)

F. Hölderlin *Poèmes* (1806-1843) (n° 352)

Horace *Vivre à la campagne* (n° 344)

Jahiz *Éphèbes et courtisanes* (n° 231)

Jean *Apocalypse* (n° 165)
Évangile (n° 321)

Jean Chrysostome *De l'incompréhensibilité de Dieu* (n° 317)

Jean Paul *Être là dans l'existence* (n° 239)

Hans Jonas *Le Concept de Dieu après Auschwitz* (n° 123)
Le Droit de mourir (n° 196)
Pour une éthique du futur (n° 235)

Franz Kafka *Réflexions sur le péché, la souffrance, l'espérance et le vrai chemin* (n° 334)

Stephen Karcher *Yi king* (n° 247)

S. Kierkegaard *Johannes Climacus ou Il faut douter de tout* (n° 223)
Crainte et tremblement (n° 291)
La Répétition (n° 413)

P. Klossowski *La Monnaie vivante* (n° 230)

Karl Kraus *La Littérature démolie* (n° 92)
Cette grande époque (n° 294)

Mme de Lambert *De l'amitié* (n° 268)

François de La Rochefoucauld
Maximes et mémoires (n° 345)

S. J. Lec *Nouvelles pensées échevelées* (n° 306)

J. M. R. Lenz *Cours philosophiques pour âmes sentimentales* (n° 325)

G. Leopardi *Philosophie pratique* (n° 258)

E. Levinas *Quelques réflexions sur la philosophie de l'hitlérisme* (n° 226)
Éthique comme philosophie première (n° 254)

G. C. Lichtenberg *Pensées* (n° 283)

Lie Zi *Du vide parfait* (n° 263)

Prince de Ligne *Pensées, portraits et lettres* (n° 381)

Longin *Du sublime* (n° 105)

Adolf Loos *Ornement et crime* (n° 412)

Lucien *Philosophes à vendre* (n° 72)

A. Machado *De l'essentielle hétérogénéité de l'être* (n° 391)

Marc Aurèle *À soi-même* (n° 440)

Gabriel Matzneff *De la rupture* (n° 298)

F.-A. Paradis de Moncrif
Essais sur la nécessité et sur les moyens de plaire (n° 364)

Montaigne — *De la vanité* (n° 63)
L'Art de conférer (n° 330)

Montesquieu — *Essai sur le goût* (n° 96)

André Morellet — *De la Conversation* (n° 169)

F. Nietzsche — *Dernières lettres* (n° 70)
Ainsi parla Zarathoustra (n° 394)

D. Noguez — *Les Plaisirs de la vie* (n° 353)
Comment rater complètement sa vie en onze leçons (n° 438)

Ortega y Gasset — *Le Spectateur* (n° 80)

Ovide — *Amours* (n° 202)

Martin Palmer — *Le Taoïsme* (n° 222)

Pascal — *Pensées sur la politique* (n° 75)
L'Art de persuader (n° 330)

Fernando Pessoa — *Fragments d'un voyage immobile* (n° 42)
Lettres à la fiancée (n° 43)

Pétrarque — *Mon secret* (n° 52)
La Vie solitaire (n° 266)
Contre la bonne et la mauvaise fortune (n° 360)

Enea Silvio Piccolomini (Pape Pie II)
Lettre à Mahomet II (n° 393)

Plutarque — *Comment tirer profit de ses ennemis* (n° 103)
Comment écouter (n° 150)
La Sérénité intérieure (n° 336)
Manger la chair (n° 395)

Karl R. Popper — *Des sources de la connaissance et de l'ignorance* (n° 241)

Félix Ravaisson — *De l'habitude* (n° 208)

Jacques-Antoine de Réveroni Saint-Cyr
Pauliska ou *La Perversité moderne* (n° 361)

R. M. Rilke — *Journal de Westerwede et de Paris,* 1902 (n° 409)

Lalla Romano — *J'ai rêvé de l'Hôpital* (n° 272)

Rosvita — *Résurrection de Drusiane et de Calimaque* (n° 378)

J.-J. Rousseau — *Émile et Sophie* (n° 127)

R. Sánchez Ferlosio	*Nous aurons encore de mauvais moments* (n° 287)
Pierre Sansot	*Du bon usage de la lenteur* (n° 313)
	Chemins aux vents (n° 388)
Fernando Savater	*Pour l'éducation* (n° 314)
K. G. Schelle	*L'Art de se promener* (n° 187)
Arthur Schnitzler	*Lettres aux amis* (n° 45)
	Relations et solitudes (n° 51)
	La Transparence impossible (n° 68)
G. Scholem	*Benjamin et son ange* (n° 158)
Schopenhauer	*Douleurs du monde* (n° 57)
	Essai sur le libre arbitre (n° 66)
	Contre la philosophie universitaire (n° 113)
C. M. Schulz	*La vie est un rêve, Charlie Brown* (n° 368)
	Lucy psychiatre (n° 369)
	Courage, Charlie Brown (n° 402)
	Il est temps de changer, Charlie Brown (n° 403)
	Il était une fois, Charlie Brown (n° 430)
	On va y arriver Charlie Brown (n° 431
	Peanuts (n° 446)
Sénèque	*De la tranquillité de l'âme* (n° 48)
	De la brièveté de la vie (n° 53)
	Consolations (n° 60)
Georg Simmel	*Philosophie de l'amour* (n° 55)
	La Tragédie de la culture (n° 86)
	Michel-Ange et Rodin (n° 180)
Peter Sloterdijk	*Dans le même bateau* (n° 420)
Mme de Staël	*De l'influence des passions* (n° 299)
Stoïciens (Les)	*Passions et vertus* (n° 445)
Italo Svevo	*Dernières cigarettes* (n° 311)
Jonathan Swift	*La Bataille des livres et autres essais* (n° 419)
Jacob Taubes	*En divergent accord* (n° 425)
Thérèse d'Avila	*Le Château intérieur* (n° 248)
Chantal Thomas	*Comment supporter sa liberté* (n° 297)
	Sade, la dissertation et l'orgie (n° 384)
F. de Towarnicki	*Martin Heidegger* (n° 385)
M. Tsvétaïéva	*Après la Russie* (n° 89)
J. Van de Wetering	*Un éclair d'éternité* (n° 278)

	Le Miroir vide (n° 310)
	L'Après-zen (n° 421)
Oscar Wilde	*La Vérité des masques* (n° 346)
Xénophon	*L'Économique* (n° 145)
J.-G. Ymbert	*L'Art de faire des dettes* (n° 193)
Yogīndu	*Lumière de l'Absolu* (n° 281)
Federico Zeri	*Renaissance et pseudo-Renaissance* (n° 356)
	Le Mythe visuel de l'Italie (n° 357)
Stefan Zweig / Arthur Schnitzler	
	Correspondance (n° 348)

Rivages poche / Bibliothèque étrangère

Harold Acton	*Pivoines et Poneys* (n° 73)
Sholem Aleikhem	*Menahem-Mendl le rêveur* (n° 84)
Kingsley Amis	*La Moustache du biographe* (n° 289) *Sur la fin* (n° 404)
Jessica Anderson	*Tirra Lirra* (n° 194)
Reinaldo Arenas	*Le Portier* (n° 26)
Beryl Bainbridge	*Georgie* (n° 367)
James Baldwin	*La Chambre de Giovanni* (n° 256)
Melissa Bank	*Manuel de chasse et de pêche à l'usage des filles* (n° 326)
Quentin Bell	*Le Dossier Brandon* (n° 102)
Stefano Benni	*Baol* (n° 179)
Ambrose Bierce	*Le Dictionnaire du Diable* (n° 11) *Contes noirs* (n° 59) *En plein cœur de la vie,* vol. I (n° 79) *En plein cœur de la vie,* vol. II (n° 100) *De telles choses sont-elles possibles ?* (n° 130) *Fables fantastiques* (n° 170) *Le Moine et la fille du bourreau* (n° 206)
Elizabeth Bowen	*Dernier Automne* (n° 265) *Eva Trout* (n° 358) *L'Adultère* (n° 376)
Paul Bowles	*Le Scorpion* (n° 3) *L'Écho* (n° 23) *Un thé sur la montagne* (n° 30)
M. E. Braddon	*Le Secret de lady Audley* (n° 340)
Louis Buss	*Le Luxe de l'exil* (n° 327)
Robert O. Butler	*Un doux parfum d'exil* (n° 197) *Étrange Murmure* (n° 270) *La Nuit close de Saigon* (n° 296) *La Fille d'Hô Chi Minh-Ville* (n° 339)
Calamity Jane	*Lettres à sa fille* (n° 232)

Peter Cameron	*Week-end* (n° 245)
	Année bissextile (n° 303)
	Andorra (n° 433)
Ethan Canin	*L'Empereur de l'air* (n° 109)
	Blue River (n° 157)
Truman Capote	*Un été indien* (n° 9)
Willa Cather	*Mon ennemi mortel* (n° 74)
	Une dame perdue (n° 101)
	Destins obscurs (n° 117)
	La Mort et l'Archevêque (n° 144)
	Mon Ántonia (n° 159)
	La Maison du professeur (n° 217)
	L'Un des nôtres (n° 285)
	Des ombres sur le rocher (n° 337)
Daniel Chavarría	*Madrid cette année-là* (n° 341)
G. C. Chelli	*L'Héritage Ferramonti* (n° 290)
Rafael Chirbes	*Tableau de chasse* (n° 316)
Fausta Cialente	*Les Quatre Filles Wieselberger* (n° 10)
Barbara Comyns	*Les Infortunes d'Alice* (n° 94)
Joseph Conrad	*Le Duel* (n° 106)
Lettice Cooper	*Une journée avec Rhoda* (n° 137)
	Fenny (n° 264)
G. Culicchia	*Patatras* (n° 227)
	Paso Doble (n° 309)
Silvio D'Arzo	*Maison des autres* (n° 78)
Robertson Davies	*L'Objet du scandale* (n° 234)
	Le Manticore (n° 260)
	Le Monde des Merveilles (n° 280)
	Les Anges rebelles (n°435)
A. Davis-Gardner	*Un refuge en ce monde* (n° 118)
	Felice (n° 203)
Andrea De Carlo	*Oiseaux de cage et de volière* (n° 178)
Walter de la Mare	*L'Amandier* (n° 108)
	Du fond de l'abîme (n° 141)
	À première vue (n° 219)
D. Del Giudice	*Le Stade de Wimbledon* (n° 209)
Erri De Luca	*Une fois, un jour* (n° 119)
	Acide, Arc-en-ciel (n° 201)

	Tombé du ciel (n° 131)
	Foxybaby (n° 161)
	Le Puits (n° 282)
Francis King	*La Maison des ténèbres* (n° 349)
B. Kingsolver	*L'Arbre aux haricots* (n° 224)
	Les Cochons au paradis (n° 242)
	Les Yeux dans les arbres (n° 331)
	Une rivière sur la lune (n° 439)
Rudyard Kipling	*Le Miracle de saint Jubanus* (n° 85)
B. Kirshenbaum	*Poésie, sexe et mélancolie* (n° 422)
Fatos Kongoli	*Le Paumé* (n° 271)
	L'Ombre de l'autre (n° 301)
	Le Dragon d'ivoire (n° 366)
	Le Rêve de Damoclès (n° 443)
Mirko Kovăc	*La Vie de Malvina Trifković* (n° 111)
Gavin Lambert	*Le Crime de Hannah Kingdom* (n° 104)
Wendy Law-Yone	*Tango birman* (n° 342)
Ella Leffland	*Rose Munck* (n° 134)
David Lodge	*Jeu de société* (n° 44)
	Changement de décor (n° 54)
	Un tout petit monde (n° 69)
	La Chute du British Museum (n° 93)
	Nouvelles du Paradis (n° 124)
	Jeux de maux (n° 154)
	Hors de l'abri (n° 189)
	L'homme qui ne voulait plus se lever (n° 212)
	Thérapie (n° 240)
	Les Quatre Vérités (n° 362)
Rosetta Loy	*Les Routes de poussière* (n° 164)
	Un chocolat chez Hanselmann (n° 255)
	Madame Della Seta aussi est juive (n° 318)
	La Porte de l'eau (n° 399)
Alison Lurie	*Les Amours d'Emily Turner* (n° 7)
	La Ville de nulle part (n° 21)
	La Vérité sur Lorin Jones (n° 32)
	Des gens comme les autres (n° 38)
	Conflits de famille (n° 46)
	Des amis imaginaires (n° 71)
	Comme des enfants (n° 107)
	Femmes et Fantômes (n° 182)

	Liaisons étrangères (n° 207)
	Ne le dites pas aux grands (n° 279)
	Un été à Key West (n° 300)
Norman Maclean	*Montana, 1919* (n° 140)
	La Rivière du sixième jour (n° 213)
	La Part du feu (n° 243)
Javier Marías	*L'Homme sentimental* (n° 24)
	Le Roman d'Oxford (n° 114)
	Un cœur si blanc (n° 186)
	Ce que dit le majordome (n° 237)
	Demain dans la bataille pense à moi (n° 253)
	Quand j'étais mortel (n° 295)
Olga Masters	*Le Cœur labyrinthe* (n° 115)
Jay McInerney	*Toute ma vie* (n° 229)
Steven Millhauser	*La Galerie des jeux* (n° 37)
V. Molina Foix	*La Femme sans tête* (n° 377)
Rick Moody	*Purple America* (n° 374)
Lorrie Moore	*Des histoires pour rien* (n° 8)
	Vies cruelles (n° 61)
	Anagrammes (n° 91)
	Que vont devenir les grenouilles ? (n° 236)
	Déroutes (n° 411)
Frank Moorhouse	*Quarante/Dix-sept* (n° 112)
Guido Morselli	*Dissipatio* (n° 173)
John Mortimer	*Félix aux enfers* (n° 363)
Alice Munro	*Les Lunes de Jupiter* (n° 147)
	Amie de ma jeunesse (n° 198)
	Secrets de Polichinelle (n° 328)
	L'Amour d'une honnête femme (n° 416)
Vladimir Nabokov	*L'Enchanteur* (n° 215)
Roger Nimier	*Les Indes Galandes* (n° 64)
Whitney Otto	*Le Jour du patchwork* (n° 184)
Cynthia Ozick	*Le Rabbi païen* (n° 29)
Grace Paley	*Les Petits Riens de la vie* (n° 1)
	Plus tard le même jour (n° 13)
	Énorme changement de dernière minute (n° 163)
Victor Paskov	*Ballade pour Georg Henig* (n° 33)
Pier Paolo Pasolini	*Descriptions de descriptions* (n° 168)
Walker Percy	*Le Cinéphile* (n° 18)

	L'Amour parmi les ruines (n° 88)
	Les Signes de l'apocalypse (n° 172)
Annie Proulx	*Nœuds et dénouement* (n° 267)
	Cartes postales (n° 332)
	Les Pieds dans la boue (n° 406)
Barbara Pym	*Adam et Cassandra* (n° 15)
	Secret, très secret (n° 35)
	Lorsqu'un matin d'orage (n° 47)
Elisabetta Rasy	*La Première Extase* (n° 228)
Simon Raven	*Les Mauvaises Fréquentations* (n° 324)
	Les riches payent tard (n° 350)
Laura Restrepo	*Douce Compagnie* (n° 293)
Bernice Rubens	*Le Visiteur nocturne* (n° 329)
Umberto Saba	*Couleur du temps* (n° 6)
	Comme un vieillard qui rêve (n° 17)
Lisa Saint-Aubin de Terán	
	Les Jours de l'Orénoque (n° 90)
John Saul	*Baraka* (n° 142)
	De si bons Américains (n° 183)
	Mort d'un général (n° 216)
	Paradis Blues (n° 338)
	L'Ennemi du bien (n° 432)
Karel Schoeman	*En étrange pays* (n° 249)
Budd Schulberg	*Un homme dans la foule* (n° 76)
	Le Désenchanté (n° 77)
	Le Visage de Hollywood (n° 156)
Carl Seelig	*Promenades avec Robert Walser* (n° 65)
Jane Shapiro	*Le Mari dangereux* (n° 389)
Carol Shields	*Swann* (n° 126)
	La République de l'amour (n° 160)
Jane Smiley	*Portraits d'après nature* (n° 148)
	L'Exploitation (n° 199)
	Un appartement à New York (n° 218)
	Moo (n° 277)
	Chagrins (n° 308)
	Le Paradis des chevaux (n° 427)
Natsumé Sôseki	*Oreiller d'herbes* (n° 2)
	Clair-obscur (n° 22)
	Le Voyageur (n° 122)

Virginia Woolf	*La Vie de Roger Fry* (n° 397)
Banana Yoshimoto	*N.P* (n° 274) *Lézard* (n° 354) *Dur, dur* (n° 428)
E. Zamiatine	*Seul* (n° 16) *Le Pêcheur d'hommes* (n° 19)
Chiara Zocchi	*Olga* (n° 423)

Achevé d'imprimer sur rotative
par l'Imprimerie Darantiere
à Dijon-Quetigny en
juillet 2012

N° d'impression : 12-0793
Dépôt légal : 1er trimestre 1996

Imprimé en France